今こそアーレントを読み直す

仲正昌樹

講談社現代新書

1996

ハンナ・アーレント Hannah Arendt（1906—1975年）
ドイツ出身、アメリカ合衆国の政治哲学者・思想家。
ドイツ系ユダヤ人。ナチスによるユダヤ人迫害を
逃れるため、フランスを経由してアメリカ合衆国に亡命。
全体主義国家の思想史的解明や、
現代社会の精神的危機への深い洞察を著した。
著作に『全体主義の起源』『人間の条件』
『革命について』『精神の生活』などがある。
(写真／AP Images)

目次

序論　「アーレント」とはどういう人か？――7

「政治」における「分かりやすさ」／アーレント的な拘り方／アーレントになったつもりで考える

第一章　「悪」はどんな顔をしているか？――25

「左」にも人気があるアーレント／「全体主義」は誰の問題か？／全体主義と国民国家／「国民国家」における「自／他」の二項対立／同一性の「帝国」／大衆社会と全体主義／「物語」の全体主義的な想像力／「人格」の崩壊／陳腐な「人間」

第二章　「人間本性」は、本当にすばらしいのか？――71

古代の「人間性」／「活動」する人間／言語と「複数性」／「公的領域」における「政治」／「公的領域」と「私的領域」／公共性と私秘性／市民社会における「社会的領域」の興隆／大衆社会における「疎外」と「プライバシー」／「アーレントの限界」か？

第三章　人間はいかにして「自由」になるか？ —— 117
アーレントの「共和主義」／二つの自由／ルソーと「可哀想な人たち」／「自然人」への共感と「偽善」の嫌悪／偽善と人格＝仮面／「仮面」の効果／「自由」の「構成」／アーレントと公民権運動

第四章　「傍観者」ではダメなのか？ —— 163
「活動的生活」と「観想的生活」／理論と実践／「精神の生活」とは？／「自由意志」の「深淵」／「自由の深淵」から判断力論へ／カントと判断力／「拡大された心性」／「拡大された心性」と「政治」／「観客」の視点／「傍観者」は悪いのか？

終わりに　生き生きしていない「政治」 —— 216

ハンナ・アーレント年譜 —— 224

序論　「アーレント」とはどういう人か？

「政治」における「分かりやすさ」

一九〇六年にドイツで生まれ、七五年にアメリカで亡くなったハンナ・アーレントという政治哲学者がいる。一九五〇年代から六〇年代にかけてアメリカとドイツを中心に、西欧諸国の政治思想に大きな影響を与えた。七〇年代にはそれほど注目されなくなったが、九〇年代に入って東西冷戦が終焉《しゅうえん》した頃から再び注目されるようになり、狭義の政治哲学の枠を越え、社会哲学、法哲学、社会学、歴史学、文芸批評等、様々なジャンルで参照されている。それほど大きなアーレント・ブームは起こっていないが、不思議となかなか「過去の人」にならない。

革命理論家であるマルクス、エンゲルス、レーニン等の文章と違って、彼女の文章には「閉塞した現状」を打破すべく読者を鼓舞してくれそうな明快さ、激しさはない。頭の中がモヤモヤしていて、すっきりしたいと思って、哲学・思想書を求める人には、決してお薦めできない。むしろ、その逆である。古代ギリシア・ローマからアメリカの建国の父たちに至るまでの古典的な政治理論や哲学に由来する――「活動 action」とか「拡大された心性 enlarged mentality」といった――極めて抽象的な概念を独自のニュアンスを込めて駆使し、要所要所でアイロニーを効かせている彼女独特の文体は、かなり「分かりにくい」。歴史的出来事や時事問題を扱っている文章も少なくないが、哲学的なひねりを加えすぎているせいで、政治思想研究の専門家が読んでも、結局何を言いたいのかよく分からないところが多々ある。「政治」という具体的でアクチュアルな現象について書いたはずの文章でありながら、やたらに難しい概念ばかり出てきて、「何をすべきか」教えてくれないので、もどかしい。しかし実は、その「もどかしさ」こそがアーレントの魅力である（というのが私の見方である）。

私が、どうしてアーレントの「もどかしさ」が魅力的だと思うのか、私なりの理由をかなり独断的に述べておこう――まっとうなアーレント解説を期待して、この本を手にとった人は、ここでも止めておいた方がいい。

「政治」について語る思想家は往々にして、読者や聞き手の共感を速攻で獲得すべく、耳に残りやすい言葉を使って、「分かりやすい」結論に一挙に引っ張っていこうとしがちである。その場合の「分かりやすい」というのは、あまりにも「明確な答え」を与えられて満足し、もはや自分で考える必要がないし、考える気もしない状態にさせてくれるということである。政治思想家が、読者あるいは聴衆に「代わって」考えてくれるのである。あるいは、政治思想家が、特定の政党あるいは運動体の主張の正当性を、読者あるいは聴衆のために「証明」してくれることもある。そういうのは、結局、その思想家、あるいはその思想家が支持する集団の政治的価値観に帰依《きえ》してしまうことであるので、「哲学」というよりは「宗教」に近い営みであろう。「政治思想」に関心を持つ人の多くは、そういうことを期待しているように思われる。

「政治思想」についての論文を書いている「学者」は、本来、政治・思想運動のために研究しているわけではないはずなので、そうした「分かりやすさ」を示す必要などないし、むしろ、そうしたものを気にすることは、できるだけ主観を排して研究を進めていくうえで有害なはずである。しかし、マスコミなどで注目され、一般の人にもある程度読まれるような本を書く有名人や、特定の政治的信条にコミットしている人たち（活動家）と深い付き合いがある人は、自分が読者・聴衆・仲間の期待に応えるべく奮闘していることをアピールしようとして、「分かりやすい結論＝閉塞した政治の現状を打破するオルターナティヴ（代案）」を示そうとすることがしばしばある。「政治思想」の研究自体を、政治化してしまうわけである。

「分かりやすい」ことを売りにする「政治思想」（あるいは「政治思想研究」）は、勇ましく威勢がいいので、「政治」をスポーツやゲームのように敵／味方の勝ち負けの問題と考えているような人たちにはウケがいい。中身が「分かりやすい」思想であれば、それに基づいて「分かりやすい」スローガンを掲げ、多くの「味方」を結集して、勝利に繋げられそうな気がするからである。「社会的・経済的格差を是正し、各人の社会的生存権を実質的に保障する公正な社会システムを構築するための理論」とか、「グローバリゼーションに対抗し、国民国家としての伝統を保持する戦略に繋がる理論」というような感じで。

「味方」は、そういう――まるで選挙のマニフェストのような――かっこよくて耳にここちいい政治〝理論〟を掲げる〝理論家〟に憧れを抱く。逆に、「敵」からは危険視される。結局、マルクスとかレーニン、あるいはそれに対抗する反共・保守派のそれのような〝戦闘的な理論〟がウケルのである。アーレントのように、左にとっても右にとっても、「敵」か「味方」か分かりにくい、どっちつかずの「政治思想」はウケナイ。

アーレント的な拘《こだわ》り方

しかし、そういう威勢のいい、源平合戦のリーサル・ウェポンのようなものとして想定されている「政治思想」の理論は、合戦の勝敗に関心を持たないで局外で見ている──あるいは、「局外にいる」つもりになって見ている──人にとっては、陳腐で面白くない。専門的な政治思想の研究者でもなく、常日頃から「政治」に関心を持っているわけでもない不特定多数の人が何となく引き付けられ、「味方」になってくれそうな〝理論〟というのは、人々が「どこか」でよく耳にしそうな台詞《せりふ》を鏤《ちりば》めたものであることが多い。ほとんどの場合、その「どこか」というのは、新聞、テレビ、雑誌、最近だとネットなどのマス・メディアである。メディアでしょっちゅう目にしたり耳にして、いつのまにか馴染んでいる単語やフレーズをもっともらしく鏤めた文章が〝知的〟に見えるのである。

これは、テレビや映画に「美女」や「イケメン」として出てくるタレントに似ている人が、〝美女〟〝イケメン〟に見えてくることによって、「美女」「イケメン」の典型的なイメージが何となく形成されてくるのと同じようなメカニズムである。同じ様なイメージや言葉を何度も繰り返し、不特定多数の人に向けて発信することのできる「メディア」は、「政治」においてもステレオタイプを効果的に生産し、源平合戦を盛り上げるのに貢献することができる。しかも、「メディア」に媒介――〈media〉というのは元々「媒体」「媒介物」という意味である――されたステレオタイプのイメージであることを、そのステレオタイプを受け入れている当人たちは自覚していないことが多い。特に〝政治〟に関心を持っているような人は、「私は意識が高い」と思っているので、自分自身がメディアの作り出すステレオタイプを無批判に受け入れ、源平合戦に熱を上げているなどとは考えたこともない――しかし、自分たちの「敵」は愚かなのでステレオタイプに取り憑《つ》かれていると思い込んでいる。そのせいで、余計にステレオタイプな発想をしがちである。

アーレントがその著作を通して繰り返し問題にしているのは、まさにそうした意味での「政治思想」のステレオタイプ化、平板化である（と私は主張する）。近代的な「市民社会」に生きている（つもりの）〝我々〟は何となく、「『我々』は前近代社会の人たちよりも、政治的意識が高く、複眼的な思考ができるはずだ」と思っている。しかし、市民権を有する国民全てが参加する現代の「政治」においては、人々の利害、関心、意見を集約するために、各種のメディアを使って情報の操作・加工が行われている。「分かりやすく」するわけである。というより、情報の操作・加工によってみんなの考えを「分かりやすい」形にまとめておかないと、物事を決定しようがない。〝我々〟の多くは、「政治なのでそれは仕方ないことだ」と思っている。しかし、そうした〝政治〟のための「分かりやすさ」に慣れすぎると、〝我々〟一人一人の思考が次第に単純化していき、複雑な事態を複雑なままに捉えることができなくなる。

アーレント自身の文脈から大幅に離れてしまうが、少しだけ話を〝分かりやすく〟するために、現代日本の「格差社会」論を例に考えてみよう。「格差」と一言でいっても、収入だけでなく、地位、学歴、技能、恋愛、コミュニケーション能力などの様々の形態の〝格差〟が取り沙汰されているし、そうした多様な「格差」が生じる原因も、正社員／非正社員の違い、男女差、年齢・年代、職種、会社・団体内でのキャリア、会社の業績、業種、地域など多様である。どういう原因でどういう形態の〝格差〟が生じてきたのかその組み合わせは千差万別であり、それらを無理やり「格差」という言葉でまとめて表現しても、あまり意味のある議論はできないが、マスコミやネットでは、何だかよく分からない

「格差社会」なるものと闘わねばならないという論調が広がり、多くの人がそれに同調している。いったんそういう言説を共有するサークルの中に入ってしまうと、「何故、『格差』が問題なのか」を突き詰めて考えなくなる。とにかく「味方が言っているから」という〝理由〟だけで同調し続けることになる。思考停止状態である。

アーレントは、そういう思考停止したままの「同調」が、「政治」を根底から掘り崩してしまい、ナチズムや旧ソ連のスターリン主義のような「全体主義」に繋がるとして警鐘を鳴らし続けた。そのことを明らかにするために、古代ギリシアの「ポリス」に始まった「政治」の本質について古典的なテクストを参照しながら議論する――〈politics（政治）〉の語源は〈polis〉であり、その意味で「政治」は「ポリスに関わる事柄」である。詳しいことは本論で述べるが、アーレントは、近代市民社会における〝政治〟理解を、「政治」の本来の在り方からの堕落だと見ている。

近代においては「政治」とは、様々な利害関心を有する人たちの掲げる異なる主張の間で調整し、各陣営間の力関係からして最も安定しやすい落としどころを見出《みいだ》し、それを社会全体の方針にすることだというような見方が支配的になっている。言い換えれば、経済的な「利益 interest」の全体としての増加と各集団への配分が、政治の主要な「関心

interest」になっている。そのせいで、各人にとっての物質的な「利害 interest」関係をいったん離れて、自らの属する「ポリス＝政治的共同体」にとっての「善」を追求すべく、「討議」し続けるという姿勢・能力を培うことが重視されなくなっている。つまり、「私」にとって利益をもたらしてくれるのが〝いい政治〟で、「私」に損させるのが〝悪い政治〟である。そういう「私」たちの利害関係の最大公約数を取る形で、あるいは各利害集団のバランスを取る形で、その都度〝政治〟が行なわれるのが、「私たち」にとって当たり前になっている。簡単に言えば、〝政治〟が「政党＝党派 party」の間の取引になっているわけである――〈party〉というのは語の作りから見て、「部分 part」的なものということである。

［党派間の取引＝政治］という理解が常識になると、各人の利害を越えた（政治共同体にとっての）「善」とか「正義」を追求する「討議」など無意味になる。〝政治〟の言葉は、「善」や「正義」をめぐる個別利害を超えた討議のための言葉ではなくて、「私たちの仲間になった方が得ですよ」という勧誘と、〝敵〟に対する罵倒の言葉だけになっていく。アーレントは、そうした〝利害の政治〟が、最終的に人々を思考停止に追い込み、刹那《せつな》的な利益を約束する「党派」に家畜の群れのごとくひたすら従っていく態度を培うことにな

る、と考える。それは、人間の「人間らしさ」の喪失である。

では、そうした現世利益をちらつかせて人々を自分の陣営に勧誘する〝党派の政治〟ではなくて、宗教的な信念、あるいはイデオロギーに基づく究極の「善」によって人々を導こうとする政治運動であればよいかというと、そうではない。むしろ逆である。アーレントは、一つの世界観によって、不安に駆られた大衆を何らかの理想へと「導く」かのような姿勢を見せる政党を、マックス・ウェーバーに倣って「世界観政党」と呼び、その典型がナチスやボリシェヴィキ（ソ連共産党）だとしている。

アーレントの分析では、近代市民社会においては、物質的な利害をめぐる飽くなき対立・競争を続けて疲れた人たちの間に、様々な問題を一挙に解決する「答え」を教えてくれる英雄のようなものを待望する気持ちが強くなる。「世界観政党」が力を増すということは、力強く引っ張ってくれる「誰か」の後に群れのようについて行きたいという欲求が人々の間に強まっていることを意味する。言い換えれば、「考える主体」であることを放棄して、自分たちの代わりに考えてくれる「指導者」を求めているということである――ヒトラーの称号であった〈Führer（総統）〉は、ドイツ語の原義としては、「指導者」「導き手」を意味する。

つまりアーレントに言わせれば、利害のために「善」の探求を放棄してもダメだし、特定の「善」の観念に囚《とら》われすぎてもダメなのである。両極のいずれかに偏ってしまうことなく、「善とは何か?」についてオープンに討議し続けることが重要だ。政治的共同体の「善」について様々な「意見」を持っている人たちが——物質的な利害から解き放たれて——公共の場でお互いに言語による説得を試み合うことが、アーレントの考える本来の「政治」である。そうした意味での「政治」を通して、暴力とか感情によって相手を支配しようとするのではない、「人間」らしい関係性が培われるというのが、アーレントの独特の「人間」観である。まとめて言うと、物質的利害を越えた「政治」的な討議を通して、我々は「人・間」になるのである。

このように、「政治」(と「人間」)の本質は、経済的な利害関係の調整でも、特定の世界観の下での善への邁進《まいしん》でもなく、(共同体にとっての)「善」をめぐる果てしなく続く「討議」である、というのがアーレントの考え方だ。「討議」し続けることが重要だという前提で「政治」についての哲学的文章を書いているのだから、「これこそが正しい考え方だ」と読者を納得させてくれるような〝分かりやすい答え〟を示してくれるはずがない。アーレントの論文を最後まで読んでも、結論が見えなくて、肩透かしを食わされたような気分になることがしばしばある。その掴み所のなさが、アーレント・ファンにとってはいいのである。

最初の前提からしてあまりに抽象的であるため専門家でないと全然わけが分からないような文章を書く政治哲学者は、アーレントの他にもたくさんいる。彼女の同世代だと、レオ・シュトラウスとかマイケル・オークショットなどの方がもっと抽象的で分かりにくい。本当に現実からかけ離れた抽象的な政治哲学が好きな人にとっては、シュトラウスやオークショットの方が、アーレントよりも魅力的だろう。「政治とは何か？」について本格的に哲学的に考えようとする「政治哲学者」というマイナーなカテゴリーに属する学者たちの中でもアーレントが少々変わっているのは、ナチスの全体主義支配とか、ユダヤ人虐殺計画の実行責任者だったアイヒマンの裁判、黒人の公民権運動など、極めてアクチュアルで、一般読者でも取っ付きやすそうな問題を扱った論文に、アリストテレスやカントに由来する抽象的な概念を持ち込んで、ピンと来にくい議論をするところであろう。「分かりやすい答え」を期待していた読者は、期待を裏切られて苛々させられる。というよりも、わざと苛々させるような書き方をしているようにさえ見える。私のような臍曲《へそまが》りには、その苛々感がかえって気持ちいいのである。

アーレントになったつもりで考える

ここでようやく、本書の狙いについて説明することにする。本書は基本的には、「分かりやすい政治思想」あるいは「分かったつもりにさせる政治思想」を拒絶しながら「討論」し続けることの重要性を説いた政治哲学者である（と私が考えている）アーレントの思想を紹介する本だと考えてもらっていい。しかし、アーレントの思想の変遷を主要著作に即して順序立てて解説した本は、既に腐るほどある。日本語で読めるものも結構ある。アーレントとその師である哲学者のハイデガー（一八八九―一九七六）の間の恋愛関係を、彼らの思想の本質に関わる問題として結構本気で論じている本さえある。

そういうオーソドックス（？）なスタイルの解説本を更に一冊書くことは、少なくともこの方面での専門家でない読者にとっては、あまり意味があるとは思えない。大まかな伝記と主要著作に即して一人の思想家を紹介する本を書こうとすると、誰が書いても大体同じような話の流れになる。特にアーレントの場合、取り上げるべき節目になる出来事と主要著作、キーになる概念についての相場がかなり固定化している。相場通りのミニマルな要素を押さえておかないと〝専門家による解説書〟と認めてもらえないので、「専門家」はついつい詰め込んでしまう。

本当にアーレント・フリークの研究者であれば、定番の解説を目一杯詰め込んで、ほんの少しだけ自分のオリジナリティーを出すような書き方をしようとするだろうが、私はそれほどマニアックではない。そんなものを書いても、他の専門家にとっては本当のところあまり面白くないだろうし、初心者にとっては「分からないアーレント」が余計に分からなくなるだけである。

私も一応研究者であり、大学で政治思想史を教えているので、一般読者を完全に無視して、私なりの〝オリジナルな視点〟——そういうものがあればの話だが——から、アーレント思想の特徴的な側面にだけ焦点を当てた、本格的な「アーレント研究書」を書いてみたいという欲望が全くないわけではない。しかし、本書は何といっても「新書」である。「新書」というのは、本来、本格的な解説書ではなく、その分野への入門用にコンパクトにまとめた、簡略化された解説書である。その「新書」に、専門家向けのマニアックな内容を無理やり圧縮して詰め込もうとすると、かなり中途半端になる。それは誰にとっても面白くない。そこで、「新書」に徹することにする。

つまり、アーレント理論の〝忠実な解説〟は放棄して、アーレントの思想の中で特に重要だと私が思っている内容を、現代日本でもお馴染みの政治・社会問題にやや強引に引き付けながら紹介していくことにしたい。多少はアーレントの著作の重要な箇所を引用することになるが、正確に彼女の議論を再現するつもりはない。あくまでも、筆者である私（＝仲正）が「アーレントになり代わって考える」というスタイルを取る。つまり、アーレントだったら、こういう問題についてこういうことを言いそうだと私なりに想像して、アーレントを代弁して発言することにする。あるいは、政治・社会問題についてアーレント的に挑発的な発言（だと私が思っているもの）をすると、それが周囲にどのような波紋を生じさせ、どういう問題を浮上させることになるか、いろいろシミュレーションしながら、私のアーレント観を開陳していく。場合によっては、「第二のアーレント」になったつもりで、彼女の発言を〝自己批判〟するという不遜なことさえ試みるつもりである。

読者には、ここまでの私の書きっぷりからして既に十分想像がついていると思うが、私は、「分かりやすすぎるのは問題」だと言っているわりには、いろんな意味で〝分かりやすい〟書き方をする方である。あまり哲学・思想関係の本に慣れていない読者には、十分難しすぎる書き方かもしれないが、アーレントの小難しい文章が好きなマニアの人たちにとっては、全然物足りないくらい〝分かりやすい〟書き方だろう。というより、私の趣味でアーレントをねじ曲げているようにしか思えないだろう。その通りなので、否定はしない。

私は自分の好きな哲学者や思想家の――多くの場合、かなりひねくれた――文章を読んでいると、ついつい刺激を受けて、その人になり代わって、自分でひねくれたことを言いたくなる。私にそういう刺激を与えてくれる哲学者・思想家は何人かいるが、今のところアーレントが最も強力な、「ひねくれ」への刺激を与えてくれる思想家だと思う。だから本書では、アーレントに倣う形で、「ひねくれた思考」をする実践をしてみたくなったのである。

アーレントは、「ひねくれ方」が面白い思想家であり、彼女から政治の重要な問題に対する「明晰な答え」を期待しても仕方ない。「明晰な答え」を期待してアーレントを読むと、彼女と一緒に混沌にはまっていくだけである。思想家と一緒に混沌にはまるのが好きな思想フリークもたまにいるが、私にはそんな趣味はない。アーレントを〝正しく理解〟するのではなく、ひねくれたアーレントの刺激を受けて「私なりにひねくれる」ことを試みるつもりである。

無論、アーレントの刺激を受けてのひねくれ方は、人それぞれだと思う。一つの方向へのひねりしか教えてくれないようなのは、大して面白い思想家ではない。だからアーレントをちゃんと読んだことがない初心者の読者は、後でちゃんと、翻訳でいいからほんとのアーレントの著作を読んで欲しいし、ある程度通の読者は、「こういう刺激の受け方もあるのか？」というくらいのつもりで、少し頭を柔らかくして読んで欲しい——そもそも、最後までちゃんと読むつもりがあればの話だが。

以下の各章では、アーレントのいくつかの主要著作に対応する形で、大きなくくりの問題設定をしたうえで、私がアーレントになりすまして、その問題について掘り下げて考え、暫定的な〝答え〟を示すことを試みることにする。

第一章　「悪」はどんな顔をしているか？

「左」にも人気があるアーレント

アーレントは「左」とはあまり相性が良くないはずである。ソ連の社会主義体制をナチスと並ぶ全体主義として強く批判しているし、フランス革命に端を発する「貧困からの解放」を表看板に掲げる左翼的な革命思想の伝統を否定的に評価している。その一方で、独立戦争以来のアメリカの「自由な憲法体制」を、真の自由な革命の遺産として高く評価している。そのせいか、アメリカのネオコン（新保守主義）の創始者とも言われるアーヴィング・クリストル（一九二〇― ）を始めアメリカの「右」の知識人には、アーレントを「アメリカ的な自由の擁護者」として肯定的に参照する人が少なくない。「右」の味方であれば、「左」にとっては敵であるように思われる。しかし、どういうわけか日本の左派知識人の間では、（反左翼的な）アーレントがかなり好意的に評価されている。

日本の左派知識人は一般的に、右／左の政治的区別にかなり敏感であり、「右」に分類される思想に共感を示すこと――言い換えれば、自分の「右」性を示してしまうこと――を極力回避しようとする潔癖性的な傾向が強い。「アメリカ」がその基準になっていることとが多い。当然、「アメリカ政府」「アメリカ型資本主義」「アメリカ的自由主義」「アメリカ的ライフスタイル」「アメリカ的価値観」等を批判するのが「左」で、肯定的に評価するのが「右」である。特に一九九〇年代に入ってからは、「左」の象徴であったソ連・東欧の社会主義ブロックが消滅したせいもあって、「右」（＝資本主義）の首魁《しゅかい》である「アメリカ」を激しく非難することが「左」性の証明になっているようなところがある。

ただ、そうはいっても、近年の日本の哲学・思想業界では、「思想のグローバリゼーション」とも言うべき現象が起こっており、アメリカ人である、あるいはアメリカで活動する思想家を参照し、アメリカ産の理論に依拠することは不可避になっている。左派知識人も、アメリカ産の理論をしばしば参照するが、参照元になるのは当然のことながら、アメリカの現体制あるいは白人男性中心の文化を「内部」から告発し、解体しようとするアメリカの左派である。少しだけ具体的に言うと、日本の代表的な（左派系）思想雑誌『現代思想』で好意的に紹介されるようなタイプの理論家・活動家である。アメリカ的な自由民主主義を世界に拡大すべきことを主張するネオコンとか、国家の市場への介入を可能な限り排除すべきだという立場を取るリバタリアニズム（自由至上主義）などの論客は、自動的に「右」に分類され、もっぱら批判される。

そうした風潮からすれば、アーレントも「(悪しき)アメリカ」を擁護する「右」の思想家に分類され、「左」の論客から槍玉に挙げられそうなものだが、むしろその逆になっているのである。『現代思想』は一九九七年七月号で「アーレント特集」を組んでいるが、これにはアーレントに好意的な論文が集められている。『現代思想』よりも左派的と見られることの多い『情況』も、二〇〇〇年五月号でやはり肯定的な特集を組んでいる――こちらの企画には、(あまりサヨクではない)私もかなり関わっている。

アーレントが日本の左派の間で意外と好意的に受けとめられている理由は、いろいろ考えられる。一番分かりやすい理由として、一九九〇年代の半ば以降、アメリカのフェミニスト、あるいは女性の政治・社会理論家の間で、近代市民社会の「公私二元論」の問題――これについては第二章で触れることにする――に鋭く切り込んだ思想家としてアーレントを再評価する動きが起こり、それが日本に伝わって、主として「左」の側で人気が広がったということがある。そういう思想の輸入における「ブーム」がなかったら、恐らく現在の日本の中堅・若手の「アーレント研究者」のほとんどは存在していなかったろうし、私もアーレントのことを「古典哲学を持ち出してアクチュアルな問題を切ろうとする変わったおばさんがいたのだな」くらいにしか思っていなかったろう。

ただそうはいっても、アメリカのアーレント・ブームの影響を受けて、アーレントに（改めて）注目するようになった左派的な知識人も、全く主体性のないバカでもないので、アーレントの著作を少し読めば、彼女が決して左派の新しいアイドルになるような存在ではなく、建国以来の「アメリカ的な自由」を強く擁護する、どちらかと言えば「右」の人であることは分かる。全く根拠のない受け売りでアーレントを持ち上げ、アーレントの再評価を始めたわけではないだろう。

仮に日本の研究者が単なる受け売りでアーレント再評価を始めたとしても、ブームの元を作った、アメリカの左派的な知識人やフェミニストたちには、それなりの理由があったはずである。彼らは、自分たちの言語である英語で書かれた彼女の論文を読んでおり、「アメリカ的な自由」に好意的な彼女の議論の歴史的・社会的背景もかなり承知していたはずである。アーレントが女性なので、フェミニスト受けが良かったということもあるかもしれないが、女性であれば全てフェミニスト受けが良いというわけではない。保守派やリバタリアニズムの女性論客は、むしろフェミニストと敵対的な関係になることが多い。

欧米でも日本でも、愛とか平和とか心の絆《きずな》などの〝心の温まりそうなこと〟を語る、日本語で言うところの「癒し系」の思想家であれば、明確に「左」でなくても「左受け」がいいことがある。しかしキリスト教的な愛の精神に対して懐疑的であり、弱者に対する同情を政治に持ち込むことを批判するアーレントは、どう見ても「癒し系」ではない。どちらかと言うと、辛口で、刺々《とげとげ》しい感じのことを言うキャラである。無論、思想の世界における「癒し系」のようなものが嫌いで、刺々しいことをストレートに言われる方がかえって〝癒し〟になるというような倒錯した人間にとっては、アーレントは十分に〝癒し系〟であるかもしれないが。

親アメリカ的かつ非癒し系のアーレントが左派の人たちから再評価されるようになった理由を一つだけに絞り込むことは難しいが、少なくとも嫌われない理由として、彼女が「全体主義」という現象をユニークな方法で分析し、巧みに定義したことを挙げることができるだろう。アーレントは「全体主義」を単に、特定の体制がもたらす残虐さとしてではなく、ヒトを「人間」たらしめている本質に関わる問題として捉えたことで知られている。「人間」の本質を内側から破壊するものとして「全体主義」の思想的核を捉えた彼女の議論は、「左/右」のイデオロギー対決が消滅したにもかかわらず、世界各地で地域紛争が勃発し続け、民族浄化さえ試みられているポスト冷戦状況下の〝左派〟にとって示唆的であったと見ることができる——多分、こういう言い方をして〝深刻さ〟を演出するのが、真っ当なアーレント解説本だろう。

「全体主義」は誰の問題か？

「全体主義」という言葉は、もともと一九二〇年代にイタリアのファシズム運動の理論家たちによって、自分たちの目指す、脱個人主義的で、国民全体を統合し導いていける国家の特徴としてポジティヴな意味で用いられ始めた。第二次大戦が勃発すると、主として英米圏で、ドイツのナチズム、イタリアのファシズム、ソ連のスターリン主義など、非西欧近代的で集団主義的な体制を形容する言葉としてネガティヴな意味で用いられるようになった。

日本の現代史の関係で「全体主義」という言葉が用いられた有名な例として、アメリカのロイヤル陸軍長官（一八九四―一九七一）が一九四八年一月にサンフランシスコで行なった演説がある。演説の中でロイヤルが、「日本が自活すると共に、今後極東において生じるかもしれない、他のあらゆる全体主義的な戦争の防波堤として貢献できるようになるべく、自立した民主主義を日本に建設すること」がアメリカの占領政策の目的であると明言した。これを機に、日本は冷戦構造におけるアメリカ陣営の主要な一員として位置付けられるようになったとされている。言うまでもなく、「他のあらゆる全体主義的な戦争」として想定されているのは、ソ連を盟主とする社会主義陣営が仕掛けてくるであろう戦争ということである。

ネガティヴなニュアンスで「全体主義」という言葉を使うようになった西欧諸国のメディアや知識人、政治家たちは、「全体主義」は自分たちの問題ではなく、市民社会が十分に成熟しておらず、自由民主主義が根付いていない、遅れた国や地域の問題であるということを前提にしていたふしがある。「全体主義」は、西欧的な民主主義社会を「外」から脅かす、「野蛮」の象徴になった。

西欧諸国のマルクス主義者などの左派が、自分たちが属する国家や社会のことを自己批判的——もしくは自嘲的——に「全体主義的」と形容することもあったが、その場合も、批判している自分たち自身は、野蛮なる「全体主義」とはかけ離れた理性的で分別のある存在であることを暗黙の前提にしていることが多い。右であれ左であれ、自分自身の内に、個人としての自立性を否定して「全体」に溶け込もうとする、全体主義的な傾向があることはなかなか認めたくない。他人事だと思いたいのである。

アーレントが政治哲学者として注目されるきっかけになった『全体主義の起源』(一九五一)は、そうした常識的な発想とは異なって、「全体主義」を、西欧近代が潜在的に抱えてきた矛盾の現われとして理解することを試みる著作である。「全体主義」は、前近代的な野蛮の現われではなくて、むしろ西欧社会が近代化し、大衆が政治に参加する大衆民主主義社会になったことに起因する問題だと見たわけである。

「全体主義」を近代市民社会の負の側面の現われと見る議論は、既に第二次大戦中に、社会心理学者のエーリヒ・フロム(一九〇〇—八〇)の『自由からの逃走』(一九四一)や、経済学者のフリードリヒ・ハイエク(一八九九—一九九二)の『隷従への道』(一九四四)等によって提起されていた。フロムは、何の制約もなく自由であることの重荷に耐えられなくなった人々が全体主義的な権威に引き寄せられるようになる問題を指摘した。ハイエクは、社会を計画的に組織化しようとする近代の設計主義的な発想がナチズムや社会主義のような全体主義体制を求めるようになるという議論を展開している。因《ちな》みに、フロムはアーレントと同じユダヤ系ドイツ人であり、ハイエクはオーストリア人であり、いずれもナチスの政権掌握に伴って、ドイツ語圏を離れて英語圏に移住している。

アーレントの『全体主義の起源』も、そうした議論の延長線上にあると見ることができるが、ハイエクやフロムがかなり抽象的な思考のレベルでの推論にとどまっているのに対して、この本は一九世紀にまで遡って、全体主義の歴史的起源を探求しようとしている。基本的に思想・哲学的な〝主張〟の書である『自由からの逃走』と『隷従への道』が一冊の本にコンパクトにまとまっているのに対し、思想・哲学書であると同時に、歴史的研究の書でもある『全体主義の起源』は三巻構成である。正確に言うと、もともとかなり分厚い三部構成だったものが、改訂を経て三巻構成になった。みすず書房から出ている邦訳も三巻本である――長ければいいと言うつもりはないので、念のため。

ただ、そうしたジャンルや分量の違い以上の大きな違いとして、フロムが社会民主主義的な連帯を、ハイエクが市場の原理を尊重する自由主義の徹底を、それぞれ「全体主義」に対抗する自らの戦略として掲げているのに対して、アーレントはそういうオルタナティヴ的なものを掲げてはいない。三巻本を通して彼女は「人間」とはこうあるべきだという自らの世界観・価値観を強く押し出しているようには見えない。自らの世界観・価値観を前面に出さないというのは、その後の彼女の著作にも一貫して見られる基本姿勢である。

政治哲学に「現状を打破するオルタナティヴ」を期待する読者は、そうした彼女のはっきりしない姿勢にかなり苛々させられてしまう。しかし自分の考えを「唯一の正しいオルターナティヴ」として読者に押し付けるべきでないという姿勢を保ち続けることこそが、彼女なりの世界観・価値観の帰結と見ることもできる。「全体主義」が、西欧近代が不可避的に抱えている矛盾を凝縮した現象だとすれば、それを克服できるオルターナティヴを一理論家が呈示するというのは、ある意味、極めて僭越《せんえつ》な振る舞いである。それを承知しているからこそ、アーレントは敢えて処方箋らしきものを示そうとしなかったのだ、と私には思われる——そう思えるか否かが、アーレントのファンになるかどうかの分岐点になるだろう。

全体主義と国民国家

『全体主義の起源』の三巻本のサブ・タイトルはそれぞれ、「反ユダヤ主義」「帝国主義」「全体主義」である。つまり第三巻が、ナチス・ドイツとスターリン主義のソ連という全体主義そのものについての記述で、第一巻と二巻がそこに至るまでの前史になっているわけである。それぞれの巻の内容を細かく紹介することは避けるが、ここではアーレントが、近代的な「国民国家 nation-state」の成立が、「反ユダヤ主義→帝国主義→全体主義」という流れと密接に結び付いているという見方をしていることだけ確認しておきたい。

「国民国家」という場合の「国民」とは、ドイツ人とかフランス人、イタリア人、ロシア人、ポーランド人……などの言語を中心とした文化的伝統を共有する共同体のことである。ヨーロッパでは、様々な言語や宗教、習慣を持った人々が一つの地域に居住したり、政治的境界線が変動することがしばしばあるので、「国民」の居住する地域の境界線と、統治のための組織としての「国家」の領域がなかなか一致しない。

近代以前には、一般の民衆は、自分の住んでいる土地をたまたま治めている領主に従属するだけで、自分自身の文化的アイデンティティ（同一性）についてあまり意識していなかったが、一九世紀の初頭から中盤にかけて、ヨーロッパ各地の民衆の間に「国民」意識が急速に広まったとされている。きっかけは、フランス革命とナポレオン戦争である。高校の世界史の教科書にも出てくる話だが、少し復習しておこう。

早くから中央集権国家を形成し、革命によって市民主体の国を作り、ナポレオンの下で強力な「国民」の軍隊を作り上げたフランスが、隣国に対して戦争を仕掛けて、勝利し、支配下に置くようになる。すると、それらの諸国の民衆の間に、自分たちはフランスとは別個の「国民」であるので、フランス人に支配されるいわれはない、という対抗意識が芽生えてくる。そうした他の「国民」に対する対抗意識が、ヨーロッパにおける「ナショナリズム nationalism」の起源だとされている。ナショナル意識を持った人々は、「国民」ごとに一つのまとまった、独立の「国家」を持ち、外敵を排除しようとするようになる。

例えば、ドイツ語を話す人々の間では、自分たちは一つの「国民」であるという意識はナポレオン戦争以前からある程度形成されていたとされているが、一九世紀初頭までのドイツは数十の領邦国家に分かれていて、民衆の間の政治的な連帯は希薄であった。それがナポレオンとの戦争で、プロイセンやオーストリアなどドイツ諸国の連合軍が敗れ、フランスの支配下に入ったのがきっかけで、「国民」としての連帯と、統一国家が必要であるという意識が一気に広まることになる。ドイツ観念論の創始者である哲学者のフィヒテ（一七六二―一八一四）は、フランスの占領下にあったプロイセンの首都ベルリンで『ドイツ国民に告ぐ』（一八〇七―〇八）という有名な講演を行い、フランスに対抗するためには、ドイツ諸邦で、ドイツ語・ドイツ文化教育を強化し、国民意識を高揚させていく必要があることを強調した。

一般論を述べておこう。強烈な共通の「敵」が出現することによって、それまではっきりした仲間意識を持っていなかった人たちの間に、強い連帯感が生まれるというのは、「国民国家」の形成というようなマクロなレベルだけでなく、様々なレベルでよく見られる現象だ。私の周辺の卑近な例を挙げると、私の勤める大学の法学部教授会メンバーは普段はそれほど仲間意識が強いわけではないが、法学部関係の教員定数や予算が全学の方針で削減されるかもしれないというような事態が生じると、急に結束が強くなる。「法学や政治学には、他の学問分野の人には理解できない固有な事情がある」と、異口同音に叫び出す——私は法学部出身ではないので、大抵シラケている。こんなことは、どこの大学のどこの学部でも、いや、どこの国のどんな団体・組織にもあるだろう。

一九世紀ヨーロッパ諸国の歴史は、「国民国家」生成をめぐる歴史だと言っても過言ではない。「国民国家」を形成するには、それまでばらばらになっていた「国民」のメンバーが一つの「国家」へと領土的、政治的にまとまっていくと共に、その「国家」から異分子（＝他国民・他民族）をできるだけ排除することによって、同質性と求心力を高めることも必要になってくる。自分たちの身近にいる「誰か」を自分たちとは「違うもの」として仲間外れにしないと、自分たちの「アイデンティティ」をはっきりと確認しにくいということがある。「彼ら＝敵」との対比で、「我々＝仲間」の共通性が見えてくるのである。ドイツの場合、ドイツ人の居住する地域を全部一つにまとめようとすると、どうしても、ポーランド人やチェコ人など、ドイツ人以外の人たちが含まれてくる。「ドイツ人ではないものたち」をどうするか、という問題が不可避的に生まれてくる。詳細は、高校の教科書などに出ているので、そういうものを見て欲しいが、有名な「大ドイツ主義vs.小ドイツ主義」の対立は、この問題をめぐるものである。

こうした「他者」排除による仲間意識の確認というのも、社会の様々なレベルで観察される普遍的な現象であろう。ありがちの話をすると、自分たちは都会的な洗練されたセンスの持ち主だと確認したい人たちが、身近にいるダサイ感じの人を田舎者扱いするとか、特定の趣味を共有するオタク集団が、自分たちにとっての最低限のオタク知識を持っていない者を仲間と認めないとか、ということが考えられる。自分たちの〝標準〟からずれているものを具体的に名指しすると、それとの違いで、自分たちの「標準」を事後的に確認しやすくなる。こういう排除を通しての「我々」のアイデンティティの確認というのは、自分たちの立場に自信がない人ほど、はまりやすい。

こうした「敵」と「仲間」の相関関係の発展のメカニズムを、哲学的・抽象的にまとめると、以下のようになるだろう。強い「敵＝彼ら」との遭遇で生まれた「仲間＝我々」意識は、いったん一つの形にまとまると、より強力で安定した「仲間」関係を構築し、それを各構成員のアイデンティティ（帰属意識）の基盤とすることを目指すようになる。そうした「仲間」の自己組織化運動は、ある程度進行すると、今度は自分たちの近くに、あるいは自分たちの内に、新たな「敵」を見出して、それを排除することで、「仲間」の同一性を確認し、自己を純化しようとするようになる。

「敵」と共に始まった「仲間」意識は、自己を維持するために、常に「敵」を必要とするのである。こういう言い方をすると、小泉元首相が、自民党内外の自分に反対する者たちをひとまとめにして、「抵抗勢力」と呼んで、求心力を保っていたことを思い出す人が少なくないだろう。その通りであるが、私に言わせれば、彼を批判していた人たちも、（小泉を頭目とする）「新自由主義」という特定のイデオロギーを信奉する集団が日本人をマインド・コントロールして、ダメにしていると誇張的に宣伝して、〝反小泉の仲間〟を募っていたことも、認識しておく必要がある。強力な「敵」が登場すると、その脅威を強調することで、「仲間」を集めやすくなる。

このように、人為的に設定された対立関係が、一人歩きを始めるようになることを、現代思想では、「二項対立」あるいは「二分法」思考と呼ぶ。

「国民国家」における「自／他」の二項対立

『全体主義の起源』の第一巻「反ユダヤ主義」は、西欧諸国の誕生しつつあった「国民国家」にとっての身近な「敵」、あるいは身内の中に紛れ込んだ「敵」として名指しされたのが「ユダヤ人」であるという視点からの、「反ユダヤ主義」の分析になっている。アーレント自身の議論から離れてしまうが、「反ユダヤ主義」についても少し復習しておこう。

キリスト教の新約聖書によれば、ユダヤ人はもともと神に選ばれた選民でありながら、救世主であるイエスを十字架にかけて殺してしまった罪深き民である。そのため、ヨーロッパ諸国に定住するユダヤ人は混血が進み外見的に区別が付きにくかったにもかかわらず、公職に就けないとか土地を所有できないなど、各種の差別を受けていた――その場合の「ユダヤ人」は、ユダヤ教を信じている者、あるいは、ユダヤ人の血統を継いでいると自任する者たちということになる。

あるいは、キリスト教徒にはできないような汚れ仕事を、ユダヤ人に請け負わせていた。金貸し業がそうである。キリスト教の教えでは、「同胞」から利子を取って金を貸すことは原則的に禁止されていたが、大規模な商業を展開するには、金融業は不可欠である。そのためユダヤ人が、必要悪である金貸しをやっていた。蔑《さげす》まれていながら、金貸しで儲けているユダヤ人に対する憎しみは更に募る。シェークスピアの『ヴェニスの商人』は、都合の良い時はユダヤ人を利用しておいて、都合が悪くなると悪魔呼ばわりして、財産を取り上げようとする、ヨーロッパ社会の身勝手さを表した作品だということがしばしば指摘されている。

そうした事情から、ペスト等が流行して、社会的不安や行き場のない怒りのようなものが鬱積した時に、ユダヤ人をスケープゴート（生《い》け贄《にえ》の山羊）にして集団的に迫害し、追放したり、虐殺したりする「ポグロム」と呼ばれる現象がしばしば起こった。ただ、「国民国家」の生成期である一九世紀になると、ヨーロッパ諸国、特にドイツでは、ユダヤ人の同化がかなり進み、ユダヤ人独特のライフスタイルを捨て、市民社会の中に溶け込む人が増えていた。信仰を捨てて、キリスト教徒になっていた者も少なくない。ドイツ文学史に必ず登場する詩人のハインリヒ・ハイネ（一七九七―一八五六）は、学生時代に自ら改宗しているし、マルクス（一八一八―八三）の一家は彼が幼い時に改宗している。商工業の発展に伴って、金融を罪悪視する見方もかなり弱まっていた。というより、ユダヤ人を蔑視するキリスト教の信仰自体が弱まっていた。

そう考えると、近代化された国家、市民社会がユダヤ人を迫害すべき積極的な理由はないのだが、「国民国家」を形成しようとする機運が高まるにつれて、人口も減少し、社会的に目立たなくなっていたユダヤ人を、「社会の敵」として問題視する反ユダヤ主義的言説が西欧諸国で広まっていき、最終的にナチスによる組織的民族抹殺＝ホロコーストに繋がっていく。アーレントはその点を問題にする。ユダヤ人が目立って、社会的影響力が強まっているのであれば、彼らを敵視する視線が強まることは、ある程度理解できるが、事実はその逆である。何故、次第に見えなくなりつつあったユダヤ人を改めて敵視するのか？

彼女はそこに、「同一性」を求める国民という集団が、自分たちの身近に「異質なる者」を見出し、「仲間」から排除することによって、求心力を高めていこうとする「自／他」の弁証法のメカニズムを見る。本当のところは誰を標的にしてもよかったのであるが、歴史的にヨーロッパ諸邦における迫害の対象であり続け、しかも市民社会の発展と共に、各「国民」の内部に入り込んで見えにくくなっている「ユダヤ人」は、仲間を内部から侵食する「敵」としてイメージしやすかった。

無論、それは、ユダヤ人を排して民族の血を浄化するという人種主義的なイデオロギーを掲げたナチスが台頭したドイツに特有の現象ではない。フランスでも、一九世紀末に、ユダヤ系の将校が、ユダヤ人であることを理由に情報漏洩《ろうえい》の嫌疑をかけられて、そうした差別的扱いにフランスの言論人たちが憤激する、というドレフュス事件が起こっている。また、プロレタリアート（労働者階級）の国際的連帯を訴える社会主義政党の中にも、大衆の反ユダヤ主義感情を利用するものがあった。アーレントに言わせれば、「反ユダヤ主義」は特定の国民や階級だけの現象ではなく、全ヨーロッパ現象的である。

ここでまた言わずもがなの余談を言っておくと、日本のマルクス主義的左派の中には、帝国主義あるいは新自由主義など、〝西欧の負の側面〟をヨーロッパ人の人種的属性のせいにして、アメリカ人あるいは白人の劣等性を口にする者も少なくない。左翼の普遍主義というのはあまり当てにならない。

同一性の「帝国」

第二巻の「帝国主義」では、「ユダヤ人」を敵対項として形成された「国民」意識が、一九世紀末の帝国主義によって更に拡張・強化されたことが指摘される。「帝国主義」というのは、一応の政治的統一を遂げ、資本主義的に経済を発展させるようになった西欧の国民国家が、工業製品の原材料の産地と製品の市場を求めて、アフリカやアジアの諸国を植民地化するようになること、そして植民地獲得のために互いに争うようになることを指す。ナショナリズム競争が世界的に拡散する現象と考えてもよい。

「帝国 empire」というのは、古代ローマ帝国のように、多民族・多宗教からなる広大な地域を一人の元首が統治する国家形態を指す。ローマ帝国の連想から、「帝国主義」という名称が出来たわけであるが、アーレントは、ローマ帝国と、一九世紀末の西欧の諸帝国はその統治原理において決定的に異なっていると指摘する。

ローマ帝国は、イタリア半島に居住するラテン民族をベースにした帝国であるが、領土を拡張して、多くの他民族を支配するようになるにつれ、一定の条件を満たしていれば、他民族出身の者にもローマ市民権を認めるようになった。ローマ市民として対等の「権利」を認めてやるのと引き替えに、市民としての責務も負わせたわけである。ローマは、その意味で普遍的に開かれた法＝権利体系を備えていた。新約聖書では、初期のキリスト教の伝道者パウロは、ローマ市民権を持っていたため、役人に捕らえられた際に、ローマで正当な裁判を受ける権利があることを主張している。因みに、イタリアの政治哲学者ネグリ（一九三三―　）とアメリカの比較文学者ハート（一九六〇―　）の共著で、二一世紀における共産党宣言として一時もてはやされた『〈帝国〉』（二〇〇〇）の〈帝国 Empire〉は、こうした普遍的に開かれた法＝権利体系としての「帝国」を指している。

それに対して、一九世紀の諸帝国は、宗主国である国民国家の繁栄のための植民地支配システムである。「帝国」の主体はあくまでも、英国人、フランス人、ドイツ人、オランダ人等の「国民」である。植民地の人を簡単に仲間に入れるわけにはいかない。その意味で、「同一性」の原理に基づく、閉じられた帝国である。

しかも、この閉じられた「帝国」は、植民地の経営のために、本国では職にあぶれているような人、社会の余計者として迷惑がられているような人を動員する。それによって、失業問題など、国民の社会的不満を解消すると共に、国民一丸となって、海外進出しているという意識を高めることができる。

更に言えば、そうやって、植民地に送り込まれた人たちは、自分たちとは見かけがかなり違い、風習もかなり違い、なかなか理解できない現地の人たち（＝他者）と出会うことを通して、自分たちの「同一性」を改めて確信するようになる。そこには当然、「国民国家」の一員であるという意識だけではなく、「我々＝白人」は理性的な文明人で、「彼ら＝非白人」は未開な野蛮人であるという優越感・差別意識も伴っている。植民地の支配者として、支配されるべき存在としての「彼ら」に接する内に、そうした優越感・差別意識はますます増幅される。アーレントは、ポーランド出身で、英国船の船乗りとしての経験に基づいて作品を書いた小説家ジョセフ・コンラッド（一八五七－一九二四）の『闇の奥 Heart of Darkness』（一八九九）を、西欧人の「暗黒大陸アフリカ」体験を如実に描き出したものとして参照している。『闇の奥』――このタイトルは、「闇の心」とも訳せる――は、フランシス・コッポラ（一九三九－　）の映画『地獄の黙示録』（一九七九）のモデルになった作品としても知られている。

そうした植民地体験に基づく差別意識は、一九世紀半ばにフランスの小説家ゴビノー（一八一六－八二）等が体系化した白人優位の「人種理論」によって補強されることになる。ドイツではそれが、白人の中でも特にゲルマン民族を、人種的な進化の最上位にあると見なす人種進化論に繋がっていく。つまり、白人／非白人の「同一性／差異性」の二項対立を大枠として、白人の中で、それぞれの「国民」ごとの「同一性／差異性」を意識する二重構造が形成されることになった。

アーレントはこのように、「他者」との対比を通して強化される「同一性」の論理が、[国民国家の形成→国民国家をベースにした資本主義の発達→帝国主義政策]という現実の流れと相まって、全体主義の起源になったと見ている。ただし、「同一性」の論理に基づく自己拡張運動としての帝国主義が、ストレートに全体主義に繋がったわけではない。帝国の基盤になっていた「国民国家」の衰退に伴う危機意識こそが、全体主義の直接的な起源になったというのである。

大衆社会と全体主義

第三巻「全体主義」でアーレントは、「大衆社会」の誕生によって「国民国家」という理念が衰退したことが、全体主義運動を生み出すきっかけになったと指摘している。「大衆社会」というのはよく聞く言葉であるが、改めてどういう社会なのか考えてみると、よく分からないところがある。エリートではない不特定多数の人々の集合体である「大衆」というのは、どこの社会にもいるはずなので、「大衆社会」と言われても、本当のところピンと来ない読者が多いのではないだろうか——はっきり分かっていないくせに、分かったつもりになるのがまさに「大衆」的な人間である。

「大衆社会 mass society」の「大衆 mass」には、「マス・メディア」の「マス mass」がそうであるように、消費者というニュアンスが含まれている。新聞等のメディア産業が与えてくれる情報を購入して受動的に消費しているだけ、というニュアンスである。政治における「大衆」とは、自ら政治に積極的に参加し、自らの理想を追求するのではなく、政治家あるいは政党が約束する利益と引き替えに、それらの政党や政治家を選挙などで支持し、ただひたすらついていこうとする受け身的な存在である。

近代初期に形成された「市民社会 civil society」は、政治に積極的に参加して、専制的な国家権力に対抗し、自らの力で自由を実現していこうとする能動的な「市民」の共同体として想定されていた。しかし、そうした能動的な市民たちの革命的な活動が奏功し、「国民国家」の枠組みの中で、(国民としての)市民たちの諸権利が確立され、市民たちの代表から成る議会を中心に政治が動くようになると、(政治に関心がない人たちも含めて)あらゆる人に、「市民」として政治に参加し、選挙で投票する資格が与えられる。そうなると、皮肉なことに、もはや国内における自由のための闘争という緊張感がないため、政治を人任せにしてもよいという受動的な態度の人たちも増えてくる。一九世紀後半に、国民国家を基盤として福祉や公共事業が整備されるようになると、そうした受動的な市民たちは、政治の消費者と化す。これが「大衆」の一般的なイメージである。

アーレントは、「大衆」の特徴として無構造性を指摘している。マルクス主義など、従来の社会・政治理論では、市民社会に生きる各個人は、それぞれ自らがどの階級や社会階層に属しているか明確に意識し、その意識に基づいて集団的な利害を追求するものとして想定されていた。そうした階級意識のようなものが働いているので、人々を政党、地域の自治組織、労働組合、職業団体へと組織化することが可能であると考えられていた。国民国家と表裏一体の関係を結びながら発達してきた市民社会は階級社会でもあった。

しかし、資本主義的な生産・消費体制が更に発展し、大都市に様々な階層、地域出身の人々が集中し、混在して居住するようになり、職業的・階級的な流動性が高まってくると、人々を政治制度に結びつけていた労働組合などの媒介的な諸組織が機能しなくなる。根なし草になった人々は、自らが「国民国家」の主人公であり、その発展に積極的に寄与しなければならないという意識を失い、アトム（原子）化していく。これは、一九世紀末から二〇世紀初頭にかけ西欧世界全般に見られた現象である。

階級的な支持基盤を失った政党の中には、無構造でその時々の気分に流されやすい「大衆」を組織すべく、「世界観政党 Weltanschauungspartei」としての性格を強めるものが出てくる。「世界観政党」は、現実的な利益に訴えるのではなく、世界観的な「原理」に訴える。世界観的な原理とは、世界や社会の本来の在り方とか、民族等の歴史的使命のような疑似宗教的な理念である。大量の失業とか敗戦などの経済的・政治的危機状況になり、アトム化した大衆の間に不安が広がると、世界観政党の影響が浸透しやすくなる。その中で最も成功したのが、ナチスやイタリアのファシズム運動、ソ連のボルシェヴィズム等であったわけである。

ナチスは、伝統的なナショナリズムのレトリックを使って大衆を引き付けた面もあるが、アーレントによれば、単なる復古的なナショナリズムは「全体主義」の本質ではないし、過去へのノスタルジーだけでは運動を持続することはできない。アトム化した諸個人が、自らがその一部であると感じ、安住するような一貫した「世界観」を呈示することによって、大衆を一つの運動へと組織化することが必要である。更に言えば、その「世界観」を各人の内面に浸透・定着させて、それこそが唯一の現実だと思い込ませ、その「世界観」の示すゴールへと誘《いざな》ってくれる運動に自発的に同調するよう仕向けねばならない。

全体主義運動は（……）首尾一貫性の虚構の世界をつくり出す。この虚構の世界は現実そのものよりはるかによく人間的心情の要求に適《かな》っていて、ここで初めて根無し草の大衆は人間の想像力の助けによって世界に適応することが可能となり、現実の生活が人間とその期待に与えるあの絶え間ない衝撃を免れるようになる。運動が鉄のカーテンを張りめぐらす権力を握り、現実の中にうちたてたトータルな空想世界の怖るべき静寂を外界からの僅かな物音にも邪魔されないように守れるようになる以前から、全体主義プロパガンダは大衆を空想によって現実の世界から遮断する力をすでに持っている。不幸の打撃に見舞われるごとに嘘を信じ易くなってゆく大衆にとって、現実の世界で理解できる唯一のものは、いわば現実世界の割れ目、すなわち、世間が公然とは論議したがらない問題、あるいは、たとえ歪められた形ではあってもとにかく何らかの急所に触れているために世間が公然と反駁《はんばく》できないでいる噂などである。

（大久保和郎・大島かおり訳『全体主義の起原3』みすず書房、一九八一年、八二頁）

全体主義は、現実の世界の不安や緊張感に耐えられなくなった大衆が、逃げ込むことのできる、文字通り「トータル（全体的）」な空想世界を構築する。そのトータルな空想的世界の中でこそ、大衆はアットホームに感じることができるのである。ただし、この空想的世界は全面的に現実世界から切り離されているわけではなく、現実をかなり歪曲した形で加工したものが、全体主義的な空想の基盤になる。

例えば、アーリア人の純血を汚し、世界を支配しようとするユダヤ人の陰謀と、それを打破すべく闘うナチスの歴史的使命のような話は、第三者的に見れば荒唐無稽である。しかし、第一次世界大戦後、（ユダヤ系の資本が栄えている）英米仏によって軍事的・経済的に締め付けられ、不安で厳しい生活を送っていたドイツの「大衆」にとって、それは、自分たちの〝現実〟（の一部）を巧みに説明し、納得させてくれる一貫性のある物語だった。スターリン主義のソ連は、（ユダヤ系の富農の子として生まれた）トロツキー等の党内反動分子による反革命の世界的陰謀という物語を利用して、党内・国内の粛清を正当化した。

ナチスやソ連共産党は、大衆が見たいように現実を見させてくれる物語を提供し、彼らを組織化することに成功した。ヒトラーは政権獲得後も、自らを支持した大衆の反ユダヤ的な想像力を利用し続けた。ナチスという運動体が採用した物語的世界観をそのまま国家の指導原理に応用し、一つの特殊な世界観で統一された全体主義的な国家を作り上げたのである。

『全体主義の起源』の構成に即して、全体主義発生の過程をもう一度簡単にまとめておくと、反ユダヤ主義によって全体主義のための物語的な素材が準備され、国民国家の生成と帝国主義によって大衆社会が醸成され、その国民国家の経済的・社会的存立基盤が大きく変動し、大衆が動揺し始めた時、そうした大衆の不安を物語的に利用する世界観政党・運動体が出てきたわけである。

「物語」の全体主義的な想像力

ここでまた少し横道にそれるが、大衆の現実逃避的で、スケープゴートを求めるメンタリティを巧みに利用し、特定の世界観の下で、無構造であったはずの大衆を組織化しようとするのが「全体主義」であるとすると、読者は、そうした思想・政治運動はナチスやスターリン主義のソ連に限らず、歴史や社会の至る所に見出されるのではないかと思うだろう。実際、その通りである。

密かに世界支配を完成しつつある悪の大組織と、それに対抗して同胞を守ってくれる正義の味方の間の闘争という二項対立図式は、もともとはキリスト教における神と悪魔の間の善悪闘争史観に由来すると考えられるが、分かりやすいし、敵／味方をはっきりさせるうえで便利なので、キリスト教圏でない日本のようなところでも、条件さえ整えば、簡単に大衆に感染する。その条件とは、人々がそれまで安住してきた伝統的な社会構造・世界観が大きく動揺し、不安と緊張感が極度に高まり、根なし草になった大衆が現実を分かりやすく説明してくれる新たな――しかし、それまで馴れ親しんでいたそれと同じような安心感を与えてくれる――世界観を求めていることである。

現代日本の新興宗教団体やスピリチュアル系団体、思想系運動団体には、現実の社会が悪の結社の陰謀によって蝕《むしば》まれているので、そのことを人々に知らしめて、本来の世界を取り戻さねばならない、という――まるでアニメの物語のような――世界観を掲げているものが少なくない。日本社会を支配する悪の陰謀を打破すべく、最終戦争（ハルマゲドン）を実行しようとしたオウム真理教は極端な例であるが、フリーメーソンとか英米の大企業が、人間の思考能力を低下させる電波を発しているとか、有害物質を撒き散らしているとかいう〝教義〟を持っている団体は少なくない。

一九九〇年代初頭のバブル崩壊によって、経済的・社会的な見通しが悪くなって以降、右派／左派の両陣営ともに、陰謀論的な物語によって、現実を分かりやすく説明して、味方になってくれそうな大衆を納得させようとする傾向が強まっている。「アメリカや中国の意向を受けた隠れ共産主義者が、日本の思想界やマスコミに浸透し、内部破壊工作をしている」と真面目に主張する保守思想家がいるし、「右寄りの宗教団体（あるいはアメリカのエージェント）が自民党を背後から動かしている」というような主張をする左翼思想家もいる。

陰謀論的な物語というのをもう少し広い意味で取ると、自分の政策に反対する者たちを全部ひっくるめて「抵抗勢力」と名指しして、それを打倒することが、日本の経済を建て直し、明るい未来を切り開くことに繋がると主張して、人気を集めた小泉元首相等の手法も、それに含めることができるかもしれない。その逆に、小泉元首相や竹中平蔵元経済財政政策担当大臣、財界首脳などから成る「新自由主義者」たちが、市場原理主義的な〝改革〟の犠牲者であるはずの若者たちを「改革」とか「自己責任」「愛国心」などのマジック・ワードで洗脳して、現実を見させないようにし、戦争に向けて動員しようとしている、と主張する左派の言説も、かなり陰謀論的である。

このような形で左右の陰謀論的なものの例を挙げると、左右のいずれかに傾いている読者から、「仲正の例の挙げ方は、右（あるいは左）に甘い。実は、同じ穴の貉《むじな》だ」、とまるでお笑いのネタのように分かりやすいボケ方をしてくれる読者がいる。私は基本的に、自分自身を含めて、あらゆる人間が程度の差こそあれ、自分の周囲の世界を分かりやすく理解しようとする傾向を持っており、それは不可避であると見ているので、例を挙げるのに、いちいちバランスを取る必要はないと思っているが、何らかの世界観的な物語を「現実」それ自体だと思いたい人には、それは通じないようである。また、バランスを取れば取った——私にはそのつもりはないのだが——で、「中立性を装って、高見から物を言おうとしている」と非難される。

そういう反応はある程度最初から織り込みずみではあるが、金太郎飴のごとく同じような反応をする読者が大量に出てくると、やはり不快だし、疲れるし、何よりも「やはりアーレントの議論は的を射ている」と思う。私なりのアーレント理解に基づく私の見解では、誰の世界観が一番ましで、信用できるかが問題ではない。そういう発想自体がズレている。肝心なのは、各人が自分なりの世界観を持ってしまうのは不可避であることを自覚したうえで、それが「現実」に対する唯一の説明ではないことを認めることである。他の物語も成立し得ることを最低限認めていれば、アーレントの描き出す「全体主義化」の図式に完全に取り込まれることはないだろう。他の物語の可能性を完全に拒絶すると、思考停止になり、同じタイプの物語にだけ耳を傾け、同じパターンの反応を繰り返す動物的な存在になっていく。

繰り返しになるが、アーレントの分析によれば、「国民国家」の下での経済的繁栄、生活保障、社会的安定感に慣れてきた「大衆」は、その「国民国家」に対する信頼が揺らいで、不安を感じるようになった時、現状からの救済の物語を渇望するようになる。それまでの安定と、現在の不安の間のギャップが大きければ大きいほど、分かりやすい物語的世界観の誘惑は強くなる。まるで故郷を喪失した人たちが、新しい故郷を求めるかのように、安定した物語を求めるようになる。「国民国家」の下での「一億総中流化」の幻想が崩壊して、経済的格差が拡大し、雇用・年金・医療・教育などの基本的なインフラが崩壊しかけていると言われる現在の日本には、物語世界観が浸透しやすい状況があると見た方がいいだろう。無論、現代の日本の法・政治制度には、特定の他者を排除するような言説や団体に対しては規制をかける仕組みが備わっているので、陰謀論的な物語が拡がったからといって、すぐにナチスのような全体主義的運動が大規模に組織化されて、政権を取る可能性は、かつてほど高くはないわけだが——「○○がこれ以上勢力を増すと、間違いなくいつか来た道を辿ることになる」と断定的に語る人も、危ない物語的世界観にはまっているのではないかと疑うべきだろう。

こういう、「どっちの極端に行っても危ない」式の話をすると、「そうならないように、バランスの取れた物の見方を示すのが、知識人の使命だろ！」、と檄をとばしてくる人がいる。しかし、期待するのはいいが、人々に方向性（世界観）を示すのが知識人の使命だなどと決め付けるべきではない。大学の先生とかジャーナリストとか作家などの「知識人」だって、根なし草になっている「大衆」の一員だからである。大学教授、教師、法律家、医師のような知識人の中にも、ナチスの政権掌握前からその分かりやすい世界観に同調して、自ら進んで運動の一翼を担った者たちがいたことをアーレントも指摘している。実際、経済学者、歴史学者、社会学者、法律家などのテクノクラートの中には、自発的にナチスに入党して、東欧地域でのユダヤ人追放・虐殺計画の策定において中心的な役割を担った者たちが少なからずいたことが知られている。

考えてみれば、当たり前のことである。大衆社会における知識人は、本を書いたり、講演をしたり、〝一般の人〟の相談にのることによって、つまり世界的な物語を示すことによって、その地位を確保しているわけだから、一般大衆以上に、分かりやすい物語に敏感である。「時流に乗りたい」という欲求に駆られやすい。よほど自制心がなければ、流行《はや》りものになりそうな物語に真っ先に飛びつきたくなる。

だから私も含めて、知識人の警告のようなものは、ほどほどに聞いておく、くらいの感覚でよい。「△△先生に出会って、世界が変わった」と臆面もなく語り、他人を勧誘するようになると危ない。

「人格」の崩壊

『全体主義の起源』第三巻の第三章でアーレントは、ユダヤ人の大量虐殺が行なわれた強制収容所・絶滅収容所の問題に触れ、何百万人単位の多くの人を計画的・組織的に虐殺し続けることが可能であったのはどうしてか、という問題を提起している。

アーレント以降の各種の歴史学的研究からも明らかなように、強制収容所でユダヤ人虐殺に当たった執行官吏たちは必ずしも、ユダヤ人に対する狂信的な憎しみに駆られて熱狂的に殺害を実行したわけではない。何も感じていないかのように、上から与えられる命令に黙々と従って、ユダヤ人を収容し、強制労働に従事させながら管理し、死へと至らしめた。まるで工場で流れ作業をしているように。実際、組織的に淡々と実行していなかったら、進行過程で様々な混乱や軋轢《あつれき》が生じたであろうし、ユダヤ人の側にも動揺が拡がり、必死に抵抗しようとする人たちが出てきたのではないかと想像できる。

アーレントは、屍体製造工場のような収容所を、組織的に秩序立てて運用することが可能であったのは、人間を「人格」を持った存在としてではなく、製造工程に載せられている単なる物として扱い、その物が最終的にどうなろうと良心の呵責など覚えることのないメンタリティが、全体主義支配を通して形成されていたからだと示唆する。生身の人間を、工場のベルトコンベヤーに載せられている商品のように、淡々と流れ作業的に扱うことができるということは、扱う側自身も、機械の部品のようになってしまい、自らの頭で考え、判断しなくなっていることを含意している。その意味で、収容所は、人々の「人格」の個別性を破壊・抹消し、首尾一貫した世界観によって支えられるシステムの一部にしてしまう全体主義の特徴を凝縮している、と言える。

この「人格」の解体、あるいは「人間本性 human nature」の改変という問題とアーレントがより本格的に取り組むきっかけになったのは、元親衛隊（SS）中佐で、ユダヤ人の収容所への移送の責任者であったアドルフ・アイヒマン（一九〇六―六二）に対する裁判であった。戦後アルゼンチンに逃亡して生活していたアイヒマンは、六〇年にイスラエルの秘密警察に拘束され、エルサレムに連行されて、裁判にかけられた。アーレントは自ら志願して、雑誌『ザ・ニューヨーカー』の特派員としてエルサレムに赴き、この裁判を傍聴した。この裁判の傍聴記録という形を取りながら、全体主義体制の下での道徳的「人格」の解体について論じたのが『イェルサレムのアイヒマン』(一九六三)である。

この著作の副題が「悪の陳腐さについての報告」となっていることからも分かるように、アーレントは、ナチスの「悪」の象徴として注目されていたアイヒマンを、凶悪で残忍で悪事を為すことを好む、いかにも悪の権化のような存在としてではなく、むしろ「陳腐な banal」存在として捉えている。「陳腐な」ということは、特に特徴がなく、どこにでもいるような、平凡なということである。

実際、『イェルサレムのアイヒマン』は、アイヒマンを、当時のドイツにはどこにもいそうな「陳腐な」人間として描き出している。ドイツの平凡な中流家庭に生まれ、あまりぱっとしない青年時代を送り、オーストリアのウィーンに本社を置く石油会社リンツの出張所で仕事をしていたアイヒマンは、この地で後に第三帝国の国家公安本部(RSHA)の長官になるナチス系の弁護士カルテンブルンナーに出会い、三二年にナチスに入党した。これが彼の運命の転換点になる。三三年に失業した彼は、ナチスの親衛隊の中に、ゲシュタポ長官ヒムラーの直属の諜報機関として公安部（SD）という部署が設置されたのに際して、これに志願して採用され、ユダヤ人問題に関する資料・情報収集の仕事をするようになった。ユダヤ人の団体と接触を持ち、ドイツ国外に出ていってもらうよう彼らと交渉する仕事をしている内に、彼は次第に才能を発揮することになる——ナチスは最初から絶滅を計画していたわけではなく、当初はユダヤ人をマダガスカルなどに集団移住させる案を検討していたとされる。仕事を順調にこなしている内に、彼は「ユダヤ人問題」の専門家として認められ、SDの中で昇進をかさねることになる。

つまりアイヒマンは、ユダヤ人を抹殺することに使命感を感じていたわけではなく、たまたま与えられた仕事を順調にこなしていただけである。職務に忠実なただの官吏である。一九四二年一月にベルリン市内のヴァンゼー街で行なわれたナチスの最高幹部会議で、ユダヤ人絶滅という形でのユダヤ人問題の「最終解決」が決定されたため、有能な官吏として専門家になっていたアイヒマンが、収容所への移送等の実務を担当することになったにすぎない。彼が、ホロコーストという「悪」の象徴になったのは、与えられた職務を淡々とこなす、陳腐な役人であったからに他ならない。

無論、それだと、平凡な勤め人であること自体が罪である、というような妙な話になる。問題は、どんな内容の業務命令でも自分の判断をまじえることなくこなすのか、道徳に著しく反するように思われる命令に対しても良心の呵責を覚えないのか、ということである。アイヒマンの問題は、そこで葛藤を覚えることなく、陳腐にその業務を遂行し続けることができたことにある、とアーレントは考える。彼は、自分の頭で善悪の判断をしないですむ、無思想的な〝人格〟だったのである。

> 自分の昇進にはおそろしく熱心だったということのほかに彼には何らの動機もなかったのだ。そうしてこの熱心さはそれ自体としては決して犯罪的なものではなかった。勿論彼は自分がその後釜になるために上役を暗殺することなどは決してしなかったろう。俗な表現をするなら、彼は自分のしていることがどういうことか全然わかっていなかった。（……）完全な無思想性――これは愚かさとは決して同じではない――、それが彼があの時代の最大の犯罪者の一人になる素因だったのだ。
>
> （大久保和郎訳『イェルサレムのアイヒマン』みすず書房、一九九四年、二二一頁）

西欧の市民社会は、あらゆる人間には自分自身と同胞である他の人間の「人格」を認め、尊重することができる能力、そして物事の善／悪について自ら判断する能力があるという前提で、各人に普遍的人権を付与しようとしてきた。「最終解決」のような蛮行を行ない得るのは、人間に当然備わっているべき「人間性」を欠いた化物に違いない、と多くの人は想像していた。

しかし、法廷に立たされたアイヒマンの内にアーレントが見たのは、決められたことに従うだけのあまりにも平凡な市民だった。命令に従わなければ、自分の身が危ないというのであれば、まだ分かるが、アイヒマンはそうした恐怖と良心の呵責の間で葛藤していたわけではなく、命令に従うのは当然のことと思っていたように見える。「人間性」のすばらしさを信じてきた西欧の知識人にとっては、あまりにも困惑させられるような事態だった。アーレントは、平凡な生活を送る市民が平凡であるがゆえに、無思想的に巨大な悪を実行することができる、という困惑させられる事態を淡々と記述したのである。

陳腐な「人間」

『イエルサレムのアイヒマン』は、出版された当初から大きな反発を受けることになった。その理由として、アーレントがイスラエル政府と法廷に対して批判的な意見を述べていることや、東・中欧でのユダヤ人の移送にユダヤ人評議会が協力したことに言及したことで、ユダヤ人たちの怒りを買ったことに加えて、アイヒマンを「陳腐」な人間、どこにでもいる平凡な市民として描いたということがある。アイヒマンが「平凡な市民」だということは、他の「平凡な市民」も同じような立場に立たされたら、彼と同じように振る舞う可能性が十分にある、ということである。言い換えれば、「私」自身も「アイヒマン」になり得る、ということだ。

これはアイヒマン問題に限らず、一般的に言えることだが、ある重大な犯罪あるいは不祥事に関して、「あなたも同じことをやるかもしれない」と言われると、多くの人は、「そんなこと言われたら、実行した人間の責任追及をできなくなるではないか！　責任を曖昧にしたいのか！」と思って、感情的に反発する。そのように反発するのは、「前代未聞の悪いこと」をする人間には何らかの人格的欠陥があり、普通とは違う異常な判断・振る舞いをすると想定しているからである。そうした想定によって、「問題になっている悪者」と「この私」の違いを確認し、安心して悪者を糾弾できるようになるのである。

もし「私」と「悪者」の間に共通要素があるとすれば、「私」が「悪者」を糾弾している論理によって、いつか「私」自身も糾弾されることになるかもしれないので、不安になる。というより、糾弾している「私」の論理が、「私」自身にそのまま当てはまってしまうかもしれない。そのことが分かっていて内心びくびくしているからこそ、「悪者」の「人格」の内に、(私のような)「普通の人間」には見られない〝悪の根源〟のようなものを見出そうとするのである。

また、そうした〝悪の根源〟追求は、その際立った「悪者」との対比を通して、「私たち」の正常なアイデンティティを確認し合うことにも繋がる。容赦なく「悪」を攻撃する姿勢を示す「私」たちは、健全な理性を持った〝まともな人間〟なのである。際立って異なっている「他者」との対比を通して、「私」あるいは「私たち」のアイデンティティを確認するというのは、まさにアーレントが『全体主義の起源』で論じた、全体主義が生成するメカニズムである。全体主義という、いわば〝究極の悪〟とも言うべきものを糾弾しようとする「私(たち)」の営みが、全体主義に似てくるというのは非常に皮肉な現象である。

これは、現代日本の日常風景、特にメディアでの犯罪やスキャンダル報道等でも、しばしば見られる現象だ。マス・メディアで、同情の余地のない極悪な犯罪者、うさんくさい新興宗教団体、汚職政治家、不祥事を起こした企業の経営者などが登場すると、それらの人々がどうしてそのような〝非人間的行為〟に及んだのか、その人となり、人間関係、生い立ち等が詳しく報道される。その人格の特異性を分析するために、心理学、犯罪学、社会学、コミュニケーション論(?)などを専門にするコメンテーターが動員される。問題の「悪人」が、他の人間とどう違うのかその特異点が〝明らか〟になると、一応、報道する側も視聴者も安心するが、特異点がなかなか見つからないと、落ち着きが悪くなる。仕方なく、「現代人の心の闇」というような言い方で、お茶を濁すことになり、後味の悪さが残る。

『イエルサレムのアイヒマン』は、そうした意味で極めて後味が悪い著作だし、その元にある『全体主義の起源』もかなり後味が悪い。わざと後味悪く書いているようにさえ思える。ただし、アーレントは、アイヒマンやナチスの幹部たちを、運命に巻き込まれてしまった平凡な人と見做《みな》して同情しているわけではないし、彼らが悪くないと言っているわけでもない。宗教的な許しを説いているわけでもない。新約聖書の中のイエスは、姦淫した女性を石打の刑にしようとしていたユダヤ人の群衆に対して、「罪がない者（だけ）が石を投げよ！」と言って、群衆を去らせたが、アーレントは特定の宗教の理念に基づいて倫理を語ったりしない。彼女はむしろ、アイヒマン裁判で問題になったのは、法的な公正としての「正義」であって、「正義」と宗教的な「許し」を混同すべきではないという立場を取っている。

『イエルサレムのアイヒマン』を通してアーレントが明らかにしたのは、アイヒマンのような人物を、悪の権化としか言いようのない特異な人格に見立てて、その人格を問題にするような形で責任追及しようとすれば、どうしても論理的に破綻してしまうということだ。人格の特異性に問題があると考える限り、「アイヒマン」を裁くことはできないのである。アイヒマンの問題は、自らの意志で判断することがなく、流されるままに絶滅計画を実行したことにあるわけだが、自分の担当している業務内容の善悪を考えることなく仕事をするだけの平凡な市民などいくらでもいる。

日本の大企業で、企業ぐるみの不祥事が発覚するような時、上からの命令や慣習に従って、あまり意識することなく〝悪いこと〟をやっていた〝平凡で善良な市民〟が出てくることがある。〝平凡な彼ら〟の責任を心おきなく追及しようとする場合、私たちは、「彼らも本当は悪いことだと分かっていたはずだし、自らの自由意志によって悪を避けることもできたはず」と見なして、彼らの〝隠れた邪悪性〟を指摘することになりがちだ。そういうことにしておかないと、誰も彼らを裁く資格がないということになりかねない。

全体主義のメンタリティを分析したアーレントは、西欧近代の哲学・政治思想が前提にしてきた「人間」像、「自由意志を持ち、自律的に生きており、自らの理性で善を志向する主体」というイメージが現実から乖離していることを認識するに至った。そうした「主体」観を前提にして、普遍的な「正義」を確立しようとする近代の論理は、「アイヒマン裁判」のような問題に直面した時、自己矛盾に陥ることになる。『全体主義の起源』を書いた後のアーレントは、西欧的な「人間」像の歴史的起源を探求する作業に従事することになる。

第二章　「人間本性」は、本当にすばらしいのか？

古代の「人間性」

『全体主義の起源』の七年後に、アーレントの主要著作と目される『人間の条件』（一九五八）が刊行される。アーレントを反全体主義の闘士だと思っている人が、このタイトルを見れば、全体主義の悪に毒されていない人間本性の豊かさ、人間愛のすばらしさのようなものを高らかに謳《うた》い上げる、人間味あふれる著作を期待するかもしれない――アーレント・ファンに限らず、哲学・思想の本にそういうものを期待する人は少なくない。

しかし、そのつもりで『人間の条件』を読み始めると、すぐに期待外れであることが分かる。先ず、この本でアーレントが「人間」と呼んでいるのは、生物としてのヒト一般のことではない。西欧世界において伝統的に「人間」と呼ばれてきた存在、あるいは「人間」という概念のことを指している。無論、西欧世界における「人間」が、ヒトとして生を受ける〝私たち〟全てとイコールであれば、別に問題はないのだが、アーレントは古代ギリシアやローマにまで遡って、「人間」の起源について考察している。

古代ギリシア・ローマの「人間」というのは、生物としてのヒトではなく、主として共同体を構成する一人前の仲間として認められている者たちを指す概念だった。高校の世界史の教科書にも書かれているように、アテネなどの古代ギリシアの「ポリス＝政治的共同体polis」において、一人前の市民として認められ、民主政治に参加していたのは、成人の男子で、家長の地位にある者だけだった。奴隷や他の家族のメンバーは、〝人間らしい人間〟とは見做されていなかった。『人間の条件』とは、古代の都市国家、政治的共同体で、「市民」を基準に形成された〝人間らしさ〟という観念を思想史的に分析することを試みた著作である。

アーレント自身の文脈から少し離れて、西欧世界における「人間性」についての一般論を述べておこう。「人間性」あるいは「人類」を意味する英語の〈humanity〉は、複数形の〈humanities〉にすると、「人文諸科学」という意味になる。また「ヒューマニズムhumanism」には、「人道主義」とか「人間愛」といった意味の他に、「人文主義」という意味がある。世界史・西洋史の教科書で、「ルネサンス（新生）」のことを「人文復興」と説明していることがあるが、これは、イタリア・ルネサンスの代表的な人物とされるペトラルカやマキアヴェッリが「ヒューマニスト＝人文主義者」と呼ばれていることと関係している。

ルネサンスにおける「ヒューマニズム＝人文主義」とは、古代ギリシアやローマの古典的文献を読み、そこに描かれている〝人間性〟の理念を研究することである。「ルネサンス」というと、人間の裸体の美しさを描いたミケランジェロの絵画や彫刻などを思い浮かべて、その連想から、ルネサンスの「ヒューマニズム」を、生まれたばかりの生身の人間を賛美する思想だと思っている人もいるかもしれないが、それは「ヒューマニズム」の本来の意味ではない。古代ギリシアやローマの著作家たちが、「人間らしさ」の理想――ラテン語でフマニタス（humanitas）――を描いたギリシア語やラテン語の文献を読解して、その「人間らしさ」を再発見する営みが「ヒューマニズム」である。キリスト教神学の影響が強かった中世には、「人間」は生まれた時から原罪を負っている罪人であるので、「人間らしさ＝フマニタス」を直接的に称賛することはタブーであった。

では、古代の「フマニタス」とは何だろうか？　それは、「自由人」として「ポリス」の「政治」に関与する市民が身に付けておくべき基本的な教養のようなものを指していた。具体的には、文法、論理学、修辞学、算術、幾何学、天文学、音楽（物理学）などである。この七つは、一人前の「自由人」として理性的に思考し、自分の考えを表明することができるようになるのに必要な教養という意味で「自由七科」と呼ばれた。これらのフマニタス的な知は、中世後期に成立した大学で神学、法学、医学といった専門科目を学ぶ前にその基礎として学んでおくべき基本科目として位置付けられ、近代の大学の「教養」科目へと継承された。また、教養科目の内の言語に関わる部分は、哲学や歴史なども加えて「人文諸科学」と呼ばれる専門領域を形成することになった。

ルネサンスに端を発する「ヒューマニズム」は、「フマニタス」に関連した古代の知＝教養を知ることを通して、古代的な意味での〝人間らしさ〟を身に付け、自らの「人格」を研《みが》く＝陶冶《とうや》することを目指したわけである。「ヒューマニズム」が、自然のまま、生まれたままの「人間本性」を肯定・賛美する思想、あるいは、そうした人間本性論に基づく人道主義を意味するようになったのは、一八世紀以降のことである。ただ、そうした私たちに馴染みの深い〝新しいヒューマニズム〟も、一個の人格として自律し、理性的に思考することのできる「人間」を前提にしているという点で、古典的な「ヒューマニズム」を部分的に継承していると見ることができる。

ドイツで人文主義的な教育を受けて哲学で博士号を取り、古典文学や古代の哲学に造詣の深いアーレントは、当然のことながら、「フマニタス」的な「人間」観の影響を強く受けていた。そして、(彼女の師であったハイデガーを含めて)戦前のドイツの知識人たちの大半は、フマニタス的な教養を身に付け、西欧的な「人間性」の理想を信奉していたはずである。しかし彼らは結果的に、ナチズムの「人間本性」破壊に加担することになった。「ヒューマニズム」の伝統は、ナチズムの野蛮に対する防波堤にはならなかった。アーレントは『人間の条件』を通して、西洋的な「人間」観の根底にあった「フマニタス」的なものを、その起源にまで遡って明らかにしようとしたのである。

このように言うと、読者の中には、「それは西洋的人間観だから、日本には関係ない」と短絡的に判断してしまう人もいるかもしれない。しかし、日本が近代化の過程で取り入れてきた法律、政治、経済、教育、学術などの諸制度やその基本的理念は、西欧的な——理性的で自律した人格を有する——「人間」観を基礎にしていることは間違いないし、私たちの多くは、(「フマニタス」から生まれてきた)西欧産の「ヒューマニズム」を単なる虚構だと思っていない。大学などで学んでいる「教養」科目と「フマニタス」の関係など知らないまま、「フマニタス」の最終的帰結である西欧的な諸制度だけ受け入れ、西欧的な「人間」観の影響を何となく受けている〝我々〟だからこそ、その起源を知ることが重要なのである。

「活動」する人間

『人間の条件』の冒頭でアーレントは、古代の「人間」観を基準にして、「人間」であるための三つの条件を示している。①労働（labor）②仕事（work）③活動（action）の三つである。この三つをアーレントは普通の英語とは少し違う意味で使っている。

「労働」と「仕事」はほとんど同じことのようにも思える。実際、ドイツ語では〈labor〉も〈work〉も通常、〈Arbeit〉という同じ単語で表される。アーレントは、「労働」の方を、人間の肉体の生物学的過程として捉えている。人間の肉体が、生命として生きていくのに必要な物を作り出す過程である。もっと簡単に言うと、動物が餌を取って、貯えたり、巣を作ったりするのと基本的に同じ営みである。それに対して「仕事」の方は、自然の過程には属さない人工物を生み出し、自然環境とは異なる「人工的」世界を構築する営みである。つまり、生物体としての人間の生命を維持していく営みとは直接関係ないけれど、人間たちの生きる「世界」の中で価値を持つような、家具や機械、芸術作品などの作品（works）を作り出す営みである。

マルクス主義では、この「仕事」を含んだ意味での「労働」を、人間の「類的本質」と見做す。自然に対して積極的に働きかけ、みんなで共同で利用できる有用な物を作り出すことが、「労働」である。そして、この意味での「労働」が社会的な価値の源泉である（＝労働価値説）というのが、マルクス主義とアダム・スミスなどの古典派経済学の共通の前提である。

それに対してアーレントは、最も重要なのはむしろ「活動」であるという立場を取っている。〈action〉という英語、あるいは「アクション」というカタカナの日本語には、映画やテレビの中での俳優のアクションのように、身体を激しく動かすというニュアンスがあるので、何となく「労働」の延長にあるような響きがある。しかしアーレントが念頭に置いているのは、古代ギリシアやローマの都市国家における「活動」である。これは、（物理的な暴力によるのではなく）言語や身振りによって他の人（の精神）に対して働きかけ、説得しようとする営みである。これは、人間にしか見られない営みである。

「労働」と「仕事」が基本的に個人の営みであり、必ずしも他の人と直接的に関わりを持たないでも遂行できるのに対して、「活動」は、自分と同じように思考しているであろう他の「人格」を前提にし、それに働きかける営みだ。言い換えると、「世界」には自分一人がいるわけではなく、複数の人格が存在していることを理解したうえで、（直接的に知覚することのできない）お互いの人格に影響を与え合おうとする営みである。

アーレントは、こうした「活動」の前提に「複数性 plurality」があると考える。「複数」という言い方をすると、動物の群れのように複数の個体が固まって動いているようなイメージを思い浮かべてしまいそうだが、アーレントは「複数性」を、群れとはむしろ正反対のものとして理解している。どこが違うかというと、群れになっている動物は当然のことながらお互いに意志疎通を図ることなく、まるで一匹の個体のように一体になって振る舞うが、「複数性」は、人々の間に「間 in-between」の空間があることを前提に成立する。日本語に、「『人間』という言葉は、人と人の『間』ということだが、これは人間が一人ではなく……」という慣用的な言い回しがあるが、たまたまこれと同じようなニュアンスを含んだ「間」である――当たり前のことだが、アーレントは別に「人間」という漢字語を念頭において「活動」論を展開しているわけではない。

アーレントの「間」は、人と人を心的に結び付ける絆であると同時に、距離を設定するという意味も含んでいる。距離を設定するというのは、物理的な暴力とか動物的な衝動のようなものによって〝一体〟になって動くのではなく、言語的なコミュニケーションを介して人格的に相互作用するということである。この言語によって生み出される「間」が、人々の間での考え方、価値観の多様性を生み出すもとになるのである。言語による「活動」は、人々の物に対する見方を多様にするのである。当然、「活動」に参加している各人の内でも、多様な他者との意見交換を通じて、複眼的なパースペクティヴが形成される。その意味では〈plurality〉は、「多元性」と訳すこともできる。

アーレントは『全体主義の起源』でも、大衆社会の中でアトム化した状態で生きる人たちの孤独と、全体主義体制による「複数性」の最終的な破壊という問題を取り上げている。アトム化して、周りから見捨てられているという感情を抱いている人たちを一つの世界観によって再度〝一つ〟にまとめようとする全体主義は、異なった意見を持つ人々が複数のパースペクティヴから討論し合って、物の見方を多元化することのできる余地＝(空)間を潰《つぶ》してしまうのである。

自分で判断することを停止したアイヒマンの問題も、上からの命令と完全に同化し、上からの言葉しか聞こえなくなってしまった問題だと見ることができる。上から与えられる言葉しか聞こえないので、自らが上の命令に従ってやっていることを、それとは異なる他(者)のパースペクティヴから見ることがない。だから黙々と命令を遂行できるのである。アーレントにとって、ナチスやスターリニズムに端的に見られる「陳腐なる悪」の本質は、多くの人を殺したことそれ自体よりも、自分たちと考え方が違う異なったものを抹殺することによって、「活動」の余地をなくし、「複数性」を消滅させようとしたことにある。「複数性」を喪失した〝人間〟は、他者との間で本当の意味での対話をすることができなくなるのである。

アーレントとほぼ同時代人の英国の作家ジョージ・オーウェル（一九〇三―五〇）は、「ビッグ・ブラザー」と呼ばれる不可視の独裁者によって支配される近未来世界を描いたSF小説『一九八四』（一九四九）で、人々が「ニュースピーク」という〝政治的に正しい〟新しい言語を話すことを強制されている様子を描き出している。全体主義体制が言論・表現の自由を奪い、検閲などを行なう形で思想統制することは比較的よく知られているが、それを突き詰めていくと、言語自体を単純化して、「複数性」の発生する余地をなくし、（政権指導部から見て）余計なことを考えさせないようにするのが、もっとも確かなやり方なのかもしれない。

言語と「複数性」

ここでまた、アーレントから少し離れて、近代西欧哲学史における「言語」の扱いについて考えてみよう。当たり前のことだが、私たちは考える時に、常に「自分の言語」を使って考える。「自分の言語」というのは、基本的に特定の集団の間でしか通じない母語である。しかも、同じ言語を話している「国民」あるいは「民族」という集団の内でも、地域とか職業、年齢、性別ごと、あるいは家族、個人ごとに、言葉の使い方やアクセントにバリエーションがある——ドイツ語での一般的な区別によると、「国民 Nation」が、自前の「国家」の枠内での政治的・文化的自治を要求する集団であるのに対し、「民族 Volk」には、国民国家が形成される〝以前〟から存在し、人々の意識の深層に根付いている、言語を中心とする文化的アイデンティティを共有する集団、というニュアンスがある。

しかも、使用している「言語」によって、その人の物の捉え方にも違いが出てくる。例えば、英語では〈hare〉と〈rabbit〉、あるいは〈rat〉と〈mouse〉は違う動物としてイメージされているが、日本語ではどちらも「ウサギ」「ネズミ」になってしまう。「野ウサギ」と「家ウサギ」、「ドブネズミ」と「はつかネズミ」というように区別する言い方もあるが、多くの日本人にとってそれほどはっきりしない。フランス語の〈chien〉は、「犬」であるだけでなく「狸」でもある。英語の〈upper lip〉は、「上唇」の他に「鼻の下」の部分を含んでいる——これは英語だけで、ドイツ語やフランス語のこれに当たる語は日本語と同様に「上唇」だけを指す。

「法」とか「正義」とか「自由」とか「世界」とか「存在」といった抽象的な概念になると、個別言語ごと、あるいは価値観を共有する集団ごとのズレがかなり大きくなる。日本語で「正義」と訳される英語の〈justice〉には、「公平」とか「公正」「司法」「裁判」といった意味があるが、日本語の通常の意味での「正義」を基準に考えると、これらを一まとめにした概念としての〝正義〟というのはなかなかピンと来ない。先程アーレントの「人間」観を説明する文脈で出てきたラテン語の〈humanitas〉とか、〈〈action〉の語源である〉〈actio〉も、英語、日本語とうまく一対一対応させることのできない単語の良い例である。こうした意味で、言語は不可避的に「物の見方」を多様化するのである。

では、「哲学」と「言語」はどのような関係にあるのだろうか。「哲学」が抽象的な諸概念を駆使しながら、誰も受け容れざるを得ない普遍的で唯一の真理を求めるものだとすれば、そうした「言語」の多様性は「哲学」にとって障害になる。使っている言語によって、基本的な概念がズレていたら、哲学的な「真理」を確定するための正確な議論ができないからである。可能な限り日常言語の曖昧さを取り除いて、厳密な概念によって議論を組み立てよう、ということになる。しかし、〝普遍的真理〟にはそれほど拘《こだわ》らないで、「哲学は真理を求めているけれど、しょせん人間の不正確で多様性を含んだ言語による営みなのだから、真理探求には限界がある。使っている言語ごとに〝真理〟が違っていても仕方ないのではないか」という緩やかな見方をすれば、話はかなり違ってくる。後者の場合、むしろ、言語ごとに物事の見え方がどう違うかを「哲学」のテーマにしたらいいのではないか、という考え方も生まれてくる。

現代の哲学では、「言語」というテーマがかなり大きな比重を占めており、言語を扱う哲学は総称として「言語哲学」と呼ばれているが、前者の見方に基づいた〝言語哲学〟と、後者の見方に基づいた〝言語哲学〟では全然話が違ってくる。前者の見方に従って、厳密な哲学概念や用語法を探求して、哲学全体を言語の面から再構築しようとする潮流を一般的に、「分析哲学 analytical philosophy」と呼ぶ。後者の見方に従って、個々の言語体系や伝統ごとに物の見方がどう異なるのかを調べようとする潮流は、分析哲学との対比で非分析系と呼ばれたり、「解釈」に重きを置くことから「解釈学 hermeneutics」と呼ばれたりする——狭義の「解釈学」は各種の古典文献を読解するための方法論であるが、それと関連付ける形で、言語の違いによる世界解釈の違いを問題にする哲学を広い意味で「解釈学」と呼ぶことがある。

「分析哲学」は英国やアメリカなどの英語圏で発展しており、「解釈学」はドイツやフランスが本場であると考えられている。しかし、もとを辿《たど》っていくと、どちらも起源はドイツである。近代初期まで遡ると、物理学者・数学者でもあり、「普遍言語」を構想したライプニッツ（一六四六—一七一六）が、分析哲学的な発想の元祖とされる。「解釈学」的な哲学の元祖とされるのは、言語ごとの世界観の違いを強調し、普遍的な人間理性を前提とするカント哲学を批判したヘルダー（一七四四—一八〇三）である。

そして現代の分析哲学の主要な源流を作った人たちの多くもドイツ語圏出身である。ドイツの数学者・数理論理学者のフレーゲ（一八四八—一九二五）、哲学を科学の基礎論とすることを試みたカルナップ（一八九一—一九七〇）などのウィーン学団＝論理実証主義、『論理哲学論考』（一九二二）で有名なオーストリア出身の哲学者ウィトゲンシュタイン（一八八九—一九五一）などである。これに英国の哲学者ラッセル（一八七二—一九七〇）や彼に近い数理論理学者たちを加えて、分析哲学の四大源泉と見なすことが多い。一方、現代の解釈学的哲学の第一人者とされているのは、ハイデガーや、彼の弟子であるハンス＝ゲオルク・ガダマー（一九〇〇—二〇〇二）などである。ガダマーの『真理と方法』（一九六〇）は、現代の解釈学系哲学の古典になっている。

この両潮流の他に、言語を政治的・文化的な支配の媒体と見なして批判的に捉えようとする、ドイツ系の「批判理論」や英米系の「カルチュラル・スタディーズ」などの左派的な言語理論もあるが、これらも基礎理論の部分では、分析哲学か、解釈学を適宜取り入れていることが多い。

アーレントは、分析哲学系か解釈学系かという分類で言えば、恐らく後者だろう。ただそこで少し注意がいるのは、解釈学系の議論には、特定の言語共同体の中で形成される「物の見方」をその共同体にとっての必然性であるかのように見なす傾向がしばしば見られる点だ。「言語」とそれを使用する人たちの「思考」は一体であるという考え方は、ともすると、「民族あるいは国民ごとに固有の『物の見方』があるので、外来の文化の影響は排除し、言語を中心とする文化の純粋性を守るべきである」という排外的な思考につながりやすい。母国語の影響は強いので、そういう発想は結構説得力をもってしまい、ナショナリズム運動に利用されやすい。ヘルダーの言語観の影響を受けたドイツ・ロマン派の思想家の中には、ドイツ語文化を再発見しようとする関心から、ドイツ・ナショナリズム運動の担い手になった者も少なくない。ハイデガーも、ナチス政権期に、ドイツ語の空間の中で成立するドイツ人にとっての「祖国的存在」について語っていた——これについて詳しくは、拙著『〈隠れたる神〉の痕跡』（世界書院、二〇〇〇年）参照。

アーレントは当然、そういう閉じた言語空間の中に閉じこもってしまうことには反対である。自他の言語共同体を分ける線をはっきり引いて、「内部」を均質化・純粋化しようとすれば、「物の見方」の多様性は抑圧され、「複数性」は死滅する。「内」と「外」が違うことを認識するだけではなくて、〝内〟と〝外〟の境界線がどこにあるのかという解釈自体にバリエーションがあり、かつその〝内〟の中にも様々なバリエーションがあることを承知しておく必要がある。師であるハイデガーがドイツ語で思考する者にとっての「真理」に拘《こだわ》っていたのに対して、アーレントは特定の言語共同体に限定されない、「人間」の条件としての「複数性」を探求しようとしたのである。「複数性」を生み出し、ヒトを「人間」らしくする「活動」に注目することによって、全体主義的な閉鎖性から離脱しようとするところに、アーレントの言語観の特徴がある。

「公的領域」における「政治」

アーレントは「人間」の最重要条件として「複数性」を生み出す「活動」を重視するわけだが、「活動」はどんな環境でも可能であるわけではない。どんな環境でも「活動」が可能だとすれば、全体主義体制が成立するはずがない。「活動」を可能にする、すなわち人々が十分に時間をかけて、納得がいくまで討論し続けることを許す環境が必要だ。自由に討論するためには、少なくとも言論統制を伴った専制支配のような体制ではなく、人々が対等な立場で討論の場に臨むことができなければならない。

アーレントは、「活動」の原型を、アテネなどの古代ギリシアの民主的な「ポリス」に見出している。「ポリス」の基本構造が「活動」をしやすくしていたのである。その基本構造とは、「公的領域 public realm」と「私的領域 private realm」の分離である。「公的領域」というのは、対等な立場に立つ「市民」たちの自由な討論を本質とする「政治」が行なわれる領域である。ただし、この場合の「政治」は、近代人が考えている〝政治〟とは意味合いがかなり異なっている。

近代的な理解では〝政治〟とは、異なった利害（interest）、特に経済的利害を有する人々の間で衝突が起こらないよう調整し、その上でみんなの共通の利益になりそうなことを公の目標として設定し、追求する営みである。妥協の術と言ってもよい。各人にとっては、〝政治〟それ自体とは別のところに追求すべき利益があって、それを実現する「手段」として〝政治〟に参加しているわけである。〝政治〟は、有限な資源を――少なくとも建前の上では――なるべく効率的かつ公正に配分するためのツールなのである。

現代日本のマスコミでの〝政治〟関係の報道で伝えられるのは、国民の払う税金を中心として集めたお金（予算）を、どの領域、どの地域、どういう階層に対して、どのような基準で配分し、それぞれの利害関係をどう調整するかをめぐる政治家たちの駆け引きである。特に道路とか新幹線など、地域経済に密着した公共事業関係の予算や、地方交付税の配分をめぐる政治家同士、あるいは政治家と官僚、政治家と企業の間の駆け引きのようなものが、典型的な〝政治〟としてイメージされることが多いだろう。福祉とか教育などのクリーンなイメージの分野でも分捕り合戦はある。

それに対してアーレントが古代の「ポリス＝政治的共同体」にその原型を求めている「政治」とは、そういう物質的な利害関係やしがらみから「自由」な市民たちが、自分のためではなく、「ポリス」全体にとって何が善いことであるか（＝共通善）について討論（活動）し合う営みである。この「政治」の「活動」において、各市民は言語を通してお互いを説得する技を磨くと同時に、他者のパースペクティヴから「物を見る」ことを学ぶ。相手の視点から物を見ることができなかったら、相手を説得できないからである。「政治」の討論という形で進行する「活動」に従事することで、「複数性」の余地が広がり、「市民」たちは「人間らしさ」を身に付けるのである。

「利害関係から自由にポリスの共通善のために討論する」とか「活動を通して複数性としての人間性を高めていく」というような言い方をすると、抽象的すぎてピンと来ないと思う読者もいるかもしれないが、学校のHR（ホームルーム）などでの子供の自由討論のようなものの延長線上で考えると、分かりやすいかもしれない。子供は、ほとんどの場合親に養ってもらっているし、学校での生活は、私生活上の利害とは直接関係ない。そのため、HRでの討論で、どのようなクラスのルールを定めるかとか、どのようにクラス行事を実行するかなどを論じる際には、子供たちは現実的な利害関係から離れてかなり〝自由〟に議論できる、と見ることができる――無論、子供には子供なりの事情・しがらみはあるだろうが、これはあくまでも大人世界のリアルな利害関係と比べて、相対的に〝自由〟ということである。

子供たちは、最初はぎこちなく、その場その場の何の根拠もない思いつきを言っているだけかもしれないが、他の子供たちと「意見」を交換している内に、相手が自分と違う「物の見方」をしており、そう簡単には賛同してくれないことを理解する。賛同してもらうには、いろいろと言葉を上手に使って相手に働きかけないといけないし、自分の方が意見を変えた方がいい場合もあることを理解する。そうやって議論の訓練をすることを通して子供たちは次第に論理的な語り方を身に付け、それに伴って、次第に人と人の「間」＝複数性の重要性を学ぶことになる――無論、全ての子供がきちんとした討論の技法を身に付けられるわけではないが。

こうしたHR的なものが、「ポリス」の市民たちの間で展開することが「政治」である。市民たちは、公的な空間であるアゴラ（広場）に集まり、ポリスにとっての「善」について各人が抱いている意見を自由に交換し、討論する。そうした討論を通して、各人のコミュニケーションが高まると共に、「複数性」の余地が広がる。「政治」は、人が「人間」らしく「活動」できるようになるための訓練だと見ることができる。

このように、アーレントが重視する「公的領域」における「活動」としての「政治」

は、弁論術、修辞学、論理学、文法など、言語に関連した市民たちの基本的素養としての古典的な「フマニタス＝人間性＝教養」と密接な関係にある。「政治」に取り組むことを通して「市民」たちは、他の市民を説得するコミュニケーションのための各種の技法・知識を身に付ける。それが「人間らしさ」なのである。古代ギリシアの哲学者アリストテレスは、「人間は政治的動物である」と述べたことが知られているが、その場合の「政治」には、「活動」を通して、各人が各種のコミュニケーションの技法、教養を磨き、「複数性」を生み出すということが含意されている。突き詰めて言えば、ポリスの「公的領域」で、「人間性＝人間らしさ＝フマニタス」が形成されたのである。

「公的領域」と「私的領域」

では、「私的領域」とはどういう領域か？　簡単に言うと、各市民の「家」のことである。「私的領域」としての「家」の存在は、市民たちが「公的領域」において物質的な利害関係から離れて、「自由」に討論できることと不可分の関係にある。

「ポリス」の「政治」に参加している「市民」というのは、ポリスという物理的な空間内に居住している人たちのごく一部である。「市民権」を持っている家長以外の家族や奴隷は、「公的領域」での「政治」に参加する資格を認められていなかった。彼らは、「私的領域」である「家」に縛られ、「家」の中で必要とされる各種の「労働」や「仕事」に従事し、家長＝市民の生活を支えていた。そうした支えがあるおかげで、「市民」たちは、自分の個人的な利害のことを忘れて、ポリスの共通善あるいは公共善をめぐる討論に専念することができる。もう少し具体的に言うと、どうやって収入を得るのか、何を食べるのか、何を着るのか、いつ掃除するのか、といった日々の雑事を他の誰かが担ってくれているおかげで、市民たちは、学校のＨＲで討論ごっこをする子供たちのように、利害抜きの「活動」を志向することができたのである。

従って、「ポリス」における「私的領域」としての「家」は、基本的には核家族の生活の場である近代の「家」とは大きく異なる。多くの奴隷を抱え、農業や工業を組織的に営む「家」は、「経済」の単位でもあった。「経済」を意味する英語の〈economy〉の語源になったギリシア語は〈oikonomia〉であるが、これは語の作りからして、〈oikos〉つまり「家」を運営する術ということである。「経済」とはもともと、自己完結した物質的生活の単位である「家」を運営する術だったのである。私たちが現在知っているような意味で〈economy〉という言葉が使われるようになるのは、一八世紀頃からである。

「経済」はそれぞれの「家＝私的領域」の内部で運営されていたので、物質的な利害関係をめぐる問題を「政治＝公的領域」に持ち出す必要がなかったのである——無論、これはアテネなどのポリスの現実の〝政治〟において、利害関係をめぐる問題が一切持ち込まれなかったということではなく、アリストテレスなどのポリス的な哲学者の定義する「政治」の理念が、個別の利害関係を超越したものだということである。ポリスの表舞台とも言うべき「公的領域」で営まれる「政治」は、楽屋裏的な場である「私的領域」での「経済」によって裏から支えられていたのである。

「公的領域」が、基本的に暴力ではなく、「活動」で影響を与え合う自由な領域であるとすれば、その裏側にある「私的領域」では、物理的な暴力による支配が行なわれ、食物や生殖などに関わるヒトの生物的な欲求の充足が図られる。言ってみれば、公的領域において他の市民の前では「人間」らしく、行儀よく活動＝演技（act）している家長の動物的で粗野な側面が、閉じられた空間である「家」の中で顕《あら》わになるのである。逆に言えば、「家」の中で動物的な〝本性〟を遠慮なく見せることができるおかげで、「政治」に参加する際には、緊張を保ちながら集中して、「ポリスの共通善のことを真剣に考える人格」を演じることができたのである。

次章でもう一度詳しく説明するが、英語の〈action〉には、「演技」あるいは「訴訟」という意味もあり、アーレントは、舞台での「演技」、あるいは法廷での「弁論」に引き付けて、「活動」を特徴付ける記述をしていることが多い。表舞台で「善き市民＝人間」をきれいに演じ切るには、楽屋裏のことは隠し切らねばならない。「公的領域」では、市民たちから構成される「公衆 public」の前に自分の姿を現すこと、現われ＝登場（appear）が重要であるのに対して、「私的領域」に属する私的な事柄は「公衆」の目から隠されるべきなのである。

「私的」を意味する英語の〈private〉の語源であるラテン語の〈privatus〉はもともと「欠如している」とか「剝奪されている」といった意味である。「AからBを奪う deprive A of B」という形の熟語として使われる英語の動詞〈deprive〉も、〈privatus〉から派生したものであり、元々の意味に近い使われ方をしている。

では、「家」から何が「奪われている」のか？　簡単に言うと、「公的」な性格である。もう少し具体的に言うと、公的領域において「公衆」から認知され、複数的な視点からの論議の対象になりうる、という意味での「公共性」が欠けているのである。「家」の中で起こっていることは、あくまでも、他の「市民」の関知しない「私秘的 private」なこととして扱われねばならないのである。

こうした舞台、あるいは法廷の表／裏のような関係としての〈public／private〉の対比は、日本語における「公（おおやけ）／私（わたくし）」の対比と微妙にずれている。アーレントの言う「公的（領域）／私的（領域）」の二分法も、「おおやけ／わたくし」のイメージが重なってくると、分かりにくくなる。そこで、次節ではまた、アーレントの議論に固有の文脈を離れて、〈public／private〉と「公的／私的」のズレについて若干説明することにする。

公共性と私秘性

日本語における〈公／私〉の本来の意味については、佐々木毅・金泰昌編『公共哲学〈3〉 日本における公と私』（東京大学出版会、二〇〇二年）などに詳しい解説がある。ここでは、必要に応じて要点だけ示しておこう。

日本語の〈公〉は訓読みでは「おおやけ」であるが、この「おおやけ」という言葉は分解すると、「おお＋やけ」で、「大きなやけ」ということである。「やけ」は、農業生産の単位としての村落共同体を指す古代の言葉であり、歴史の教科書に出てくる「屯倉（みやけ）」と関係している。「屯倉」は朝廷に属する「やけ」である。

では、どういう「やけ」が「大きなやけ＝おおやけ」なのか？　単純に物理的な規模として「大きい」ということではない。いくつかの小さい「やけ」が集まって、大きな集落が構成されているような場合、後者が前者に対して「おおやけ」と呼ばれる。「おおやけ」全体に関わることは、個々の「やけ」の事情に優先される。また、「おおやけ」の首長は、個々の「やけ」の首長よりも上位にあり、後者は前者の意向に従わねばならない。

そして、この「おおやけ／やけ」の関係は、様々のレベルの大小の村落共同体の間で入れ子構造になっているとされている。分かりやすく図式化すると、以下のようになる。最初に一つの家を中心に最小の共同体の単位としての「やけ（レベルa）」ができたとする。そうした「やけ（レベルa）」と同じくらいの規模の「やけ」がいくつかまとまってできた「やけ（レベルb）」は、もともとの単位である「やけ（レベルa）」に対して「おおやけ」に当たる。そうした「やけ（レベルb）」がまたいくつか集まって、より大きな「やけ（レベルc）」ができたとすると、「やけ（レベルc）」は「やけ（レベルb）」に対して、「おおやけ」に当たる。そして、「やけ（レベルc）」がいくつか集まって、「やけ（レベルd）」ができると……という風に続いていく。そうした多層的な「やけ／おおやけ」構造の頂点にあるのが、朝廷ということになる。

古代の日本語では、「おおやけ（オホヤケ）」に対して小さい「やけ」という意味で「ヲヤケ」という言葉が使われていたようであるが、この言葉はいつのまにか消滅し、代わりに「わたくし」が使われるようになった。「わたくし」はもともとは一人称単数ではなく、先に述べたような意味での「おおやけ」性が欠如している状態を指す言葉であったわけである。例えば、江戸時代の幕藩体制のもとでは、各藩は、藩に属する各武士の家に対して「おおやけ」に当たり、「おおやけ」の方針は、「家」の「わたくし」の事情＝私事に対して優先されるべき、ということになる。しかし、その藩よりも、より「おおやけ」である幕府（公儀）に対しては、藩の事情の方が相対的に「わたくし」的な性格を帯びることになる。「おおやけ」は常に、「わたくし」よりも大きく、上位にあり、優先されるべきものであった。

これに対して、英語の〈public／private〉にはもともと、大小とか上下のような意味合いはない。先にアーレントの議論に即して見たように、〈public〉のもともとの意味は、

「公衆」の目に晒されている、顕わになっている、というようなことである。「情報公開」のことを英語で〈public disclosure〉という。また、最近インターネット用語として頻繁に使われるようになっているように、特定の地域やネット上のサイトに自由に出入りできることを「パブリック・アクセス public access」という。こうした用例が端的に示しているように、〈public〉には、「お上」というよりも、「公開」とか「公表」というようなニュアンスが含まれている。「出版する」あるいは「公刊する」ことを意味する〈publish〉も、この系列から出てきた言葉である。

アーレントの議論と密接に関連した政治（思想）用語として、「共和制」あるいは「共和国」を意味する〈republic〉があるが、これの元になったラテン語〈res publica〉は、分解して説明すると、〈res（物）＋publica（公共の）〉ということになる。つまり、公衆＝市民たちの目の前に顕わにされ、共通に認識されている事柄の総体あるいは体系が、ローマなどの「共和政体」だったわけである。英語の〈public〉、フランス語の〈public／publique〉など、「公共的」であることを意味するラテン語系の形容詞は、自由な市民たちの自治の形態としての「共和政体」と意味的に結び付いているわけである。

中世に入って、君主や教会などが法や政治を支配し、決定事項を一般の人々に公布するという意味で「公共性」を独占するようになると、〈public〉という言葉にも「お上」的なニュアンスが加わるようになったが、ベースになっているのはあくまでも、「公的領域」において同胞である市民＝公衆の目に晒されているという意味合いである。近代になって生まれた「世論＝公論 public opinion」という概念は、公衆の目の前に呈示し、「政治」的な討論の対象にするという「共和制」的な意味合いを含んでいる、と見ることができる。「公開性」という意味合いの強い〈public〉に対して、その対語である〈private〉は「私秘性」という意味合いを強く帯びている。〈keep private〉という熟語は「内密にする」という意味だし、副詞形の〈privately〉は「内密に」「秘密裏に」ということである。〈private joke〉は「内輪（だけ）の冗談」ということであり、〈private parts〉は「（人目に晒されるべきではないものとしての）陰部」という意味である。〈private viewing〉というのは、絵画とか映画などを、一般公開の前に一部の人だけで（内輪に）特別鑑賞することである。

こうした「公開性」に対する「私秘性」という意味の延長で、「私有の」「私的な」「個人の」といった意味が出てくる。「公的なもの（＝共和制に関わるもの）res publica」とは違って、「私的な」ものは「公衆」の目に晒される必要がなく、私秘的な空間である

「家」の中で内々に処理されるべきものとして想定されていたわけである。

アーレントがモデルにする古代のポリス的な世界では、「政治＝共和制」の舞台の「表／裏」という意味合いで「公／私」の区分が為されており、各市民は「公」での「公衆」向けの振る舞い方と、「私＝家」での振る舞い方を使い分けながら、「人間らしさ＝フマニタス」を身に付けていたのである。

市民社会における「社会的領域」の興隆

アーレントは古代のポリス的世界を基準にして「人間性」という概念を再定義しようとしたわけだが、当然のことながら、現代社会には古代の「ポリス」のような環境はないし、私たちが通常抱いている〝政治〟のイメージも、アーレントの言う「政治」とはかなり異なっている。

先ず、現代の「家」の多く、特に西欧諸国のそれは核家族であって、〝家長〟の代わりに「労働」を引き受けてくれる奴隷などいない。従って、〝家長＝市民〟が、生活のための労苦から解放されるということはなくなった。また、家族のメンバーは子供も含めて基本的に対等な「市民」であり、家長の所有物のように扱い、暴力的に支配することはできない。言わば、〝公的〟な関係が、全面的に私秘的な場であったはずの「家」の中に入り込んできたわけである。

アーレントは、近代資本主義社会において、「家」がもはや「経済」の基本的単位ではなくなり、社会全体で［労働―生産］体制が組織化されるようになったことが、ポリス的な「公／私」二分法の解体、延《ひ》いては、それに依拠していた「人間」としての「活動」の掘り崩しに繋がったと考える。ポリスの「政治」は、経済的な利害関係（interests）から自由な「市民」たちによって営まれていたので、ポリスの理想とか、市民が共通に求めるべき「善」についてオープンに議論することができたが、近代市民社会では、そうはいかない。むしろ、「経済」の運営が議会などで行なわれる〝政治〟の主要な関心事（interests）になった。近代の議会を構成する「代表」たちは、多くの場合、地域代表、職能代表、党派代表など、何らかの形で利益代表である。

「家」の外で営まれるようになった「経済」を軸として、人々の間に成立した――古代のポリス的な世界から見て――半公的・半私的な性格の領域を、アーレントは「社会的領域 social realm」と呼ぶ。「社会的領域」という言い方をすると、抽象的で分かりにくそうだが、要は、新聞やテレビ等のマス・メディアで「社会問題」として取り上げられているような諸問題が生じる領域ということである。消費者問題、雇用問題、貧困問題、医療問題、教育問題、環境問題……などに分類される諸々のテーマは、メディアを通して多くの人々の社会的関心を集める。これらの問題に寄せられる人々の関心は、自分個人の利害の次元を離れて、社会全体の幸福、社会正義に向けられていると見ることもできる。しかしながら、ほとんどの場合、各人の関心は個人的な利害と全く無関係とは言えない。

分かりやすい例を挙げれば、新たな新幹線や高速道路の工事の是非が話題になり、国民的な議論になるような場合、当該の工事が行なわれる地域の人々、その隣接地域に住む人々、そこから遠く離れている地域の人々では、明らかに経済的な利害関係が異なり、その違いがそれぞれの意見に反映される可能性が高い。石川県や富山県など北陸に住む人の多くは北陸新幹線の早期開通を望むだろうが、北陸人でも職業によっては、顧客が首都圏へと逃げてしまうストロー現象を警戒して、あまり有り難くないと思っている人もいるだろう。国立大学の学費値上げとか、私立大学に対する国庫からの助成削減なども、そうした大学に通っている人やその父兄、教員と、直接関係ない人とでは〝公正さ〟の基準はかなり異なるだろう。

このように個別具体的な問題ごとに考えてみると、ほとんどの〝社会的関心事〟には、大なり小なり私的利害が絡んでおり、それらが「何が国家（政治的共同体）にとって良いことか？」の判断に影響を与えていると思われる。自分では、直接的な利害関係がないので、中立的に判断できるはずだと思っていても、私たちは日々自分の損得のことを気にかけながら生きており、それが習慣化しているので、自分でも気付かない内に、公平でない偏った見方をしているかもしれない。問題は、そうした市民社会に生きる各人が不可避的に帯びている、私的利害ゆえの偏向の可能性をどう評価するかである。

アーレントの影響を受けながら、独自のコミュニケーション理論を展開した現代ドイツの社会哲学者ユルゲン・ハーバマス（一九二九―　）は、近代市民社会においてそれぞれの商売上の利益を追求する――基本的には自己中心的な――市民たちが、公権力＝絶対主義国家による専制支配に対抗するため、読書サークルや喫茶店などで意見交換を行ない、新聞や雑誌などのメディアを媒介にして「世論 public opinion」を形成するようになったことを高く評価している。そのように私的利害を起点としながらも、市民全員に対して開かれた討論を通して、市民社会全体の利益を考えるようになった市民たちのネットワークを彼は「市民的公共圏」と呼び、それが近代における新たな公共性として機能することに期待を寄せている。

それに対してアーレント自身は、「社会的領域」において人々が私的利害を中心に、共同で行動するようになったことをかなり否定的に見ている。アーレントにとって、「人間」らしい「活動」はあくまでも、物質的利害関係から切り離されて、討論の技の洗練に専念できるポリス的な「公的領域」においてのみ成立する。「社会的領域」では、自らの利益だと思うものを追求する各人の行動は、次第に均一化していき、「活動」の不可欠の要件である「複数性」は失われる傾向にある。

何故かと言えば、自分の生活上の利益を確保しようと躍起になっている諸個人にとって重要なのは、〝政治〟の結論として決定されることが自分の利益に適《かな》っているか否かだけだからである。自分にとって利益がある〝結論〟が得られさえすれば、そこに至るまでの討論過程でどのような論理やレトリック、身振りを用いて、相手の思考に効果的に働きかけるかは二の次、三の次の問題になる。自分の住んでいる地域に新幹線や高速道路が通るかどうかが問題なのだ。仲間を増やして、自分に有利な〝結論〟を引き出すうえで、より効果的ということであれば、公共的な弁論よりも、裏工作とか脅しのようなことの方が重視されるかもしれない。各人が「活動」の能力を磨くことの重要性は、認識されにくくなる。

十分に討論を行なうこともないまま、もっぱら共通の利益を追求する市民たちの行動は、不可避的に均一化してくる。「経済」が社会全体で組織化・構造化されてくると、職業、地位、地域など、社会的な立場ごとに経済的利害関係がほぼ定まってくる。各人がそのようにして社会的に規定される自らの利益を、まるで本能であるかのように自動的に――現代日本のネット社会の用語で言えば、「脊髄反射」的に――追求するようになると、どういう問題に対してどういう人がどういう判断をするか予《あらかじ》め予測できるようになる。アーレントに言わせれば、一九世紀から二〇世紀にかけて、行動心理学や統計学をベースにした社会科学が発達したのは、人々の行動が、「経済」的利害を中心に均一化されるようになったからに他ならない。

そのように各人が集団の中に埋没し、個性を失っていくことによって、西欧世界の伝統的な意味での「人間性」は徐々に崩壊していく。統計学的に行動が予測できてしまうとすれば、「人間」というより、動物の群れである。そこには、活動を通して「複数的」なパースペクティヴを拡げていく余地はない。

大衆社会における「疎外」と「プライバシー」

「経済」的利害を中心に画一的に振る舞うようになった市民たちは、思考停止し、自分にとっての利益を約束してくれそうな国家の行政機構とか世界観政党のようなものに、機械的に従うようになっていく。それはまさに、『全体主義の起源』でアーレントが描き出した、全体主義の母体としての大衆社会の在り方に他ならない。「社会的領域」が拡大し続ける近代の市民社会は、ほぼ不可避的に大衆社会的状況を到来させることになる。そして大衆社会は、人々が動物の群れのように〝一体〟となって動く全体主義体制を生み出す潜在的可能性を秘めている。

このように大衆社会の中で、自分の生活上の利害を中心に生きる人々が、〝人間〟らしい個性、複眼的な思考法を失っていく現象を、マルクス主義系の社会理論では「疎外 alienation」と呼ぶ。アーレントよりやや年長のハンガリー生まれのマルクス主義哲学者・文芸批評家ルカーチ（一八八五―一九七一）は、新左翼の革命理論の古典である『歴史と階級意識』（一九二三）で、初期マルクスの議論を援用しながら、日々の糧《かて》を得るために機械の部品のように——主体性なく——働いている労働者が、批判的（複眼的）に物事を見る視点を失って非人格化されていき、結果的に、自分自身を苦しめている現状を受け容れてしまう、疎外現象を分析している——厳密に言うと、ルカーチは人間が作った商品や制度などが逆に人間を支配するようになることを意味する「物象化」という概念を使っていたが、彼の「物象化」は、初期マルクスの「疎外」概念とほぼ同じものと見てよい。「労働」を人間の「類的本質」と見るマルクス主義と、言語的な「活動」こそが最重要の「人間の条件」と見るアーレント理論は水と油のようにも思えるが、全ての「物」を交換価値によって価格表示される商品に変え、個々の人間の身体を生産体制に組み込む資本主義経済の浸透が、「人間疎外」を促進しているという見方を両者は共有している。アーレント自身、『人間の条件』の中で、発達した資本主義社会、大衆社会における人々の非人格化・個性喪失を説明する文脈で、マルクス主義の疎外論を参照している。違うのは、ルカーチ等のマルクス主義者が「労働」のプロセス全体を労働者階級の手に〝取り戻す〟ことによって疎外を克服しようとしたのに対し、アーレントは、「労働」に至上の価値を置く共産主義社会のようなものを作り出したら、まさにスターリン時代のソ連がそうであったように、組織化された生産体制の下で人々の行動様式が更に均一化され、疎外＝人間性の崩壊が更に進むと考えた、ということである。

「社会的領域」において疎外が進行し、人間らしさが失われていくにつれ、人々は「親密圏」の中に、〝人間〟らしい魂の繋がりのようなものを求める傾向を強めていく、とアーレントは指摘する。「親密圏」というのは、古代的な意味での「私的領域」から「経済」的な生産機能が取り除かれて、親子や夫婦などのごく身近で、親密な人たちから成る関係性へと変貌したものである。狭義の家族だけではなく、恋人、友人などの心を許せる相手もそこに含まれる。基本的に経済的な利害関係とは独立に成立する人間関係なので、〝純粋に人間的な繋がり〟であるかのように思われるわけである——無論、家族の間には経済に起因する力関係があり、恋人や友人との関係もそうしたものから独立とは言えないが、ここで問題なのはそうした現実ではなく、共同幻想的なイメージである。

この「親密圏」を中心として、現代的な意味での「プライバシー privacy」という観念が生まれてくる。〈privacy〉は〈private〉の名詞形であるから、元々は単に〈public〉性（=公開性）が欠如した状態、あるいは「私秘性」が高いという意味だったはずである。しかし、現代社会では、日本語にカタカナ語として入ってきた「プライバシー」がそうであるように、（親しくない）他人に干渉されないで、自分だけの趣味やライフスタイル、友情や恋愛等の関係に浸ることができる空間というニュアンスを帯びている。

「プライバシー権」というのは、そうした寛《くつろ》げる空間に「放っておいてもらう権利」を意味する。外の世界＝「社会的領域」における「経済」を中心としたギスギスした非人間関係に疲れた人は、「プライバシー」の空間に逃げ込んで、安らぎを得ようとするわけである。

「プライバシー」を本質とする「親密圏」に人々が〝人間〟的な憩いを求める傾向をアーレントは全面的に否定的に評価しているわけではないが、そこにのめり込んでしまって、公的領域における「活動」に対する意欲を失ってしまう危険性を指摘している。一九五九年にドイツのハンブルクで行なった講演「暗い時代の人間性について」の中でアーレントは、戦前のドイツのように全体主義的体制ができあがってしまい、言論の自由が認められない社会では、親密圏に引きこもって一人で思索することが、全体主義に対する抵抗になりうるが、「人間性」を本格的に維持していこうとするのであれば、「複数性」を前提とする活動が不可欠であることを力説している。

アーレントにとって、「人間らしさ」はあくまでも、公共的な場での「活動」を通して獲得されるものであって、「プライベートな空間」を神聖視すべきではないのである。

「アーレントの限界」か？

　ここまで見てきたように、近代市民社会、特に大衆社会に対するアーレントの見方は極めて悲観的である。彼女の議論のように、古代のポリスに生まれた［活動―複数性―人間性］の連関を支えていた前提条件が近代において完全に崩れているとすれば、〝我々〟は完全な意味では「人間」になれず、常に再動物化の可能性と隣り合わせにある、ということになる。できるのは精々、ナチスやスターリン主義のような全体主義が、大衆の広範な支持を得て〝政治〟を支配してしまわないよう、お互いに警戒し合うことくらいだろう。

　当然のことながら、人文主義的な教養（フマニタス）の必要性を説き、大衆を――本来の〝人間性〟へと目覚めさせるべく――啓蒙しようとする知識人や哲学者なども、アーレントの示唆する「人間性」の危機から〝自由〟ではない。むしろ、言論活動を生業にしている知識人や哲学者こそ、「複数性」を増幅させる純粋な「活動」をしにくくなっているかもしれない。大学に勤めている学者は、象牙の塔に籠もっているので、「経済」的利害に左右されることなく、思索に耽《ふけ》ることができると思われがちである。しかしアーレント的な見方をすれば、給料を貰って仕事をしている以上、経済的利害から全面的に〝自由〟

になることはありえないし、引き籠もって思索するばかりだと、「活動」する能力はかえって低下することになる。

ただし、念のために言っておくと、街頭で〝生き生き〟と反権力を叫んでいる人たちの方が人間的な「活動」力が高いということにはならない。複眼的なパースペクティヴを生み出す討論をすることなしに、集団で〝一つの大きな声〟を上げ続けることは、人と人の「間」を失わせることに繋がる。引き籠もって考えるだけでもダメだし、派手なアクションを繰り返すだけでもダメなのである。複数の視点から物を見ることを可能にする討論を行なうことが、「活動」力を高めるうえで肝要だが、時間と場所、お互いに自由な人格として認め合っている仲間がいないと、本当の意味で討論することはできない。現代社会では、〝みんな〟が各種の利害関係を気にかけながら生きているので、余裕がなく、「活動」を通して自己の「人間性」を磨くことに専念できないのである。

アーレントに従って考えている限り、我々がどれだけあがいても、アーレントが『人間の条件』で再発見したような意味での「人間性」を獲得するのはほぼ不可能であるように思われる。現代社会には、経済的利害から完全に切り離され、全市民が対等の立場で自らの意見を開陳することのできる「公的領域」など存在しない。このことをアーレントの公共性論の限界だと見なす政治思想・社会思想の研究者は少なくない。

加えて、アーレントの議論は、そもそも古代ギリシアやローマのポリス的な共同体をモデルにしているので、同じような伝統を持たない文化圏に属する人々は最初から、彼女の想定する「人間性」を共有していないということになりかねない。実際、公共の場で自らの「意見」を呈示し、その優劣を競い合うことを通して、「市民」としてのアイデンティティを獲得するというのは、かなり特異な伝統である。明治維新以前の日本の文化には、それに似たものは見当たらないように思われる。明治以降、旧制高校や大学の教育課程に、「フマニタス＝人文主義的教養」な理念が取り入れられたが、そうした理念を知っているのはごく一部のエリートだけであり、しかも、その理念を現実の「政治」における「活動」に結び付けられるような環境は、今日に至るまで決定的に欠けている――近年の日本の大学では、「教養」が雑学と同一視される傾向がますます強まっているので、「教養」と「活動」を結び付けて理解している学生はほとんどいないだろう。

また、同じ西欧圏でも家長の身分を持たない人、特に女性は、アーレントのポリス・モデルでは、ポリスの公共の場に「現れる＝登場する appear」ことができない。無論、現代の市民社会では、女性も対等の権利を認められ、市民的公共圏に参加できるようになったと言うこともできるが、ハーバマスの場合と違って、アーレントの枠組みでは、「経済」的な関心が支配的になっている現代の「社会的領域」には、本来的な意味での「公共性」は成立しえない。女性はこれまで、完全な意味で公共圏を構成する一員になったことはないし、これからもそうなることはないだろう、ということになる。その意味で、アーレントの公共圏論は、しばしば欧米のフェミニスト理論家から批判を受ける。

更に言えば、本書の中でも既に言及したように、アーレントの描く「ポリスの政治」は、歴史の本に載っている現実のポリスの政治からかなりかけ離れているように思える。物質的な利害から完全に解放されて〝自由〟に思考できる「市民」など、現実の歴史には存在しなかったろう。生々しい利害に絡んだ〝政治〟が行なわれていたからこそ、西洋史の本の古代の部に出てくるような権力闘争があったり、衆愚政治が行なわれたりしたと考える方が普通だろう。

このように、アーレントの議論にはたくさんの突っ込みどころがあるわけだが、そんなことはアーレント自身も十分承知していたことだろう。歴史の現実に照らしてアーレントを批判する議論に大きな意味があるとは、私には思えない。ここで挙げたようなタイプのアーレント批判をする人たちは、「アーレントは古代のポリスにおける『公的領域での政治』を、人間性形成にとっての理想と見なし、それを現代において復活させようとしている」という前提に立っているように思えるが、私はその前提がおかしいと考えている。

私の理解では、アーレントが古代のポリスに西欧的な「人間性」の原型を求めたのは、別に、そこに立ち返ったら、素晴らしい「人間性」を回復できると素朴に信じているからではない。彼女の関心はむしろ、「ヒューマニズム」に基づいて万人に普遍的な人権を付与し、民主主義の範囲を拡大してきた西欧の市民社会が、大衆社会的な状況に陥って〝政治〟的に不安定化し、全体主義の母胎になった原因を、「人間性」という理念の起源にまで遡って探求することにあった。遡って考えた結果、「人間性」を育《はぐく》んだ古代の「ポリス」における理想の「政治」の前提として、「公／私」の厳格な区分が想定されていたことを再発見――もしくは、そのように想定されていたと想像――したのである。しかし、それは現代においては、失われてしまった区分であった。全ての人に市民権を認め、経済を社会全体として組織化するようになったがゆえに、「公／私」の区分が流動化している現代の市民社会（資本主義社会）では、特殊ポリス的な環境の中で形成されてきた「人間性」をそのまま保持し続けることはほぼ不可能なのである。

アーレントは、そうした冷厳な現実を踏まえて、「人間性のすばらしさ」あるいは「ヒューマニズム」を無邪気に信じ、それを信じることによっていつかユートピアが実現できると思っている"良心的"な知識人たちに警告を発しているのである。無邪気な「人間性」信仰は、その理想に合わない者を排除する全体主義に繋がりかねない、と。アーレント自身が、古代を基準にして、全体主義に汚染されない〝真の人間性〟をうち立てようとしているのではないか、と過剰な期待を寄せると、アーレントの議論の穴が見えてくるだけである。アーレントはむしろ、そうした「人間性」に過剰な期待を寄せるヒューマニズム系の思想をいったん解体したうえで、全体主義に通じる恐れのある「思考の均質化」だけは何とか防ぐというミニマルな目標を追求した控え目な政治哲学者ではないかと私は考えている。

第三章　人間はいかにして「自由」になるか？

アーレントの「共和主義」

古代のポリスの特殊な環境と結び付けて「人間性」という理念の形成を論じていることから分かるように、アーレントは、ヒトは生まれながらにして素晴らしい〝人間性〟を有しているとも、ヒトが育ってくる過程で自然に〝人間性〟を身に付けるとも考えていない。「公／私」が厳格に分離している環境の下での「活動」を続けなければ、「人間」らしく振舞えるようにはなれない。ヒトとして生まれたというだけでは、「人間」の特徴である複眼的な思考をすることができるようにはならないのである。

全体主義発生の歴史的原因を分析し、その再発を防止しようとしたアーレントは、西欧的な「自由」の伝統の擁護者であると言うことができよう。しかし、現代の自由な英米圏の「自由主義者 liberal」の多くが、各人には、他人の権利を侵害しない限り自分の生きたいように生きる「自由」が認められるべきと考えるのに対し、アーレントはそういう個人主義的な見解は取らない。

アーレントは、各人の「自由」を、ポリス的な意味での「政治」と一体のものとして考える。単に他人の権利を侵害しないというだけでなく、「政治」や「公共善」に関心を持ち、「公的領域」での「活動」に従事することを通して初めて、「自由な人格」として他の市民たちから認められるようになる。単に、誰からも物理的な拘束を受けていないというだけなら、野生の動物と同じであり、それはアーレントにとっての「自由」ではない。「自由」は、「活動」を通して生み出される、人と人の「間」の空間の中にこそあるのである。

自分の属する共同体の「政治」に参加する各市民の責務を重視し、そうした政治的コミットメントと「自由」を表裏一体のものと見なす考え方を、政治哲学や政治思想史の領域では、「共和主義 republicanism」という。「共和主義」には様々なヴァージョンがあるが、大凡《おおよそ》の共通項は、政治に参加して自らの属する共和政体を積極的に支えることを、市民の責務、市民的徳と見なす考え方である。共和主義者にとって、「自由」はあらゆるヒトに無条件に与えられるものではなく、政治的自覚を持った市民たちによって構成される共和政体の枠の中でのみ意味を持つものである。

近代の政治思想における「共和主義」の嚆矢《こうし》は、『君主論』(一五一三〈公刊は一五三二〉)の著者として有名なマキアヴェッリ(一四六九―一五二七)だとされている。清教徒革命時の英国の政治思想家で、独立自営農民たちから成る理想の共和国「オシアナ」を描いたハリントン（一六一一―七七）、三権分立論の元祖として知られるモンテスキュー（一六八九―一七五五）、イギリス経験論の哲学者のヒューム（一七一一―七六）、「一般意志＝法」論を哲学的に定式化したルソー（一七一二―七八）等が、代表的な思想家である。アメリカの「建国の父」たち、特に、個人の政治的自由や自治の精神の重要性を強く説いたジェファソン（一七四三―一八二六）やマディソン（一七五一―一八三六）などは、共和主義的な思想を持っていたとされている――共和主義の歴史的系譜については、佐伯啓思・松原隆一郎編著『共和主義ルネサンス』（NTT出版、二〇〇七年）参照。

共和主義の視点から見た西欧政治思想史では、アーレントは、第二次大戦後のアメリカにおける共和主義思想の代表的理論家として位置付けられていることが多い。実際アーレントは、アメリカの憲法＝国家体制（constitution）は、「自由の空間」を創出するものであるとして高く評価し、これを守っていくことの意義を強調する議論を展開している――英語の〈constitution〉は、法の法としての「憲法」と共に、国家などの政治的組織体の「構成」をも意味する。アメリカの「憲法＝国家体制」と、そこで生きる市民たちの「自由」を表裏一体のものと理解するのは、「建国の父たち」以来のアメリカの共和主義の伝統的な思考法である。

アーレントの発想が通常の共和主義思想家たちとやや異なっているのは、各人が自由に活動できるための「自由の空間」の存在を、「人間性」あるいは「アイデンティティ（自己同一性）／複数性」をめぐる独自の見解と結び付けて論じているところである。共和主義的に構成された「自由の空間」の中で「活動」することを通してヒトは複眼的な視座を獲得し、他者たちとの対比で、自分らしい物の見方、自分らしさ（＝アイデンティティ）を形成するのである。

「自由の空間」は「人間性」の保持のために不可欠であると考えるアーレントは、その空間を破壊し、「複数性」を衰退させる傾向の思想には強く抵抗する。ナチズムやスターリン主義などの全体主義はその典型だが、彼女は、一見〝自由主義的〟に見える思想でも、「活動」の重要性を過小評価し共和主義的な精神を停滞させるようなものは容赦なく批判する。近代的な「ヒューマニズム」と共に拡がった、「あらゆるヒトは生まれながらにして〝すばらしい人間性〟を備えている」と前提し、そうした〝生来のすばらしい人間性〟を全面的に〝解放〟しようとする思想は、かえって「活動」を衰退させる。ヒトとして生まれただけですばらしいということにすると、ヒトは「人間」になるべく、討論・説得の技法とか人文主義的な「教養」のようなものを身に付ける努力を怠るようになる。それどころか、「教養」的なものを、〝生来のすばらしき人間性〟を覆い隠す、あるいは、抑圧するものと見なし、排除する傾向が生まれてくる。

アーレントは、そうした視点から、〝生来の人間性〟の「解放」の思想としての性格を強く持つマルクス主義、そしてその淵源《えんげん》になったフランス革命をかなり批判的に見ている。その逆に、共和主義的な「自由」概念を近代政治思想に定着させたものとして、アメリカ革命（独立戦争）を高く評価している。近代市民社会の原点になったとされる二つの革命に対する彼女の異なった評価が、その政治哲学的な根拠と共に展開されているのが、彼女のもう一つの主要著作『革命について』（一九六三）である。

二つの自由

『革命について』の具体的な中身に入る前に、英語では「自由」を意味する単語が二つあることを確認しておこう。〈freedom〉と〈liberty〉である。〈freedom〉の方は、ゲルマン語系の単語で、ドイツ語の〈Freiheit〉と語源を共有する。形容詞形の〈free（自由な)〉――ドイツ語では〈frei〉――も同じ系譜に属する。それに対して、〈liberty〉はフランス語(liberté)を経由して入ってきたラテン語系の名詞である。英語にはこれに直接対応する形容詞はない――〈liberal〉はむしろ「自由主義的な」という意味である――が、同じ系列の名詞に、日本語で「解放」と訳されることの多い〈liberation〉がある。この〈liberation〉と〈liberty〉の結び付きは、政治思想史的に重要な意味を持っており、アーレントもこのことに留意しながら、『革命について』の議論を展開している。

「解放」という言葉は、「○○解放同盟」とか「△△解放戦線」というような左派的もしくは反体制的な政治運動体の名称として用いられることが多い。日本の新左翼のグループに、「解放派」と呼ばれるものもある。左派的な政治の文脈で用いられる「解放」は、中央政府や他民族・他国家による抑圧的な支配から「自由にすること」、あるいは、貧困や飢餓等の欠乏から「自由にすること」を意味する。つまり、〝自由〟な存在として生まれてきたはずの罪のない民衆が、何らかの外的な障害物によって〝本来の自由な状態〟から遠ざけられていると見なしたうえで、その障害物を取り除くことによって、彼らを(再)自由化=解放するということである。

各種の左派的な「解放」運動を理論的に支えたマルクス主義は、人類はもともと原始共産制社会において〝自由〟に生き生きと「労働」していたのに、搾取するもの／搾取されるものを分かつ「階級」という仕組みが生まれたことによって、不自由になっている、という前提から出発する。階級闘争の歴史的な最終段階である「資本家階級（ブルジョワジー）／労働者階級（プロレタリアート）」の闘争において、後者が勝利し、階級制度という障害物を除去する「革命」を遂行することによって、高度に発展した生産様式を基盤として「共産主義社会」が再現され、人々は再び〝自由〟になる（＝解放される）というわけである。実際、冷戦時代のマルクス主義者たちは、ブルジョワジーが支配する資本主義社会の自由は偽りであり、自分たちの目指す「革命」によってこそ、〝真の自由〟が実現すると主張していた。

アーレントは、「外的な障害物を除去しさえすれば、人々は〝自由な状態〟へと自然に回帰する」という考え方を含意している「解放」の思想が拡大することを警戒する。アーレントは、外的な抑圧がなく、かつ物質的にも欠乏していないことは、「自由な活動」のための前提条件として重要だと考える。しかしアーレントに言わせれば、「解放」は「自由 freedom」それ自体ではない。アーレントにとっての「自由」は、古代のポリスの市民たちのように、いかなる物質的な制約にも囚われることなく、公的領域において「活動」している状態である。物質的な欠乏状態あるいは、暴力による抑圧状態から「解放」されたヒトが、そのことに満足してしまい、自らの属する政治的共同体にとっての「共通善」を探究することを止めてしまったら、そのヒトは「自由」だとは言えない。「共通善」をめぐる果てしなき討論の中で、「人間」としての「自由」が現れてくるのである。

アーレントは、抑圧や貧困からの「解放」を、「自由」それ自体と混同する近代のヒューマニズム思想の根源は、フランス革命にあるという見方を示している。生物的な営みである「労働」を人間の本質と見なすマルクス主義も、フランス革命的な「解放＝自由(liberty)」観から生まれてきたわけである。それに対して、「自由」が、「共通善」を共に探究する政治的共同体の存在と不可分の関係にあることを見抜き、市民たちの「政治」への参加を重視した市民革命として、アメリカ革命を挙げている。『革命について』は、近代の自由主義を生み出した「近代市民革命」の伝統として通常は渾然一体で理解されているものを、「解放＝自由（リバティー）」志向のものと、「自由（フリーダム）」志向のものに区分したうえで、その違いを哲学的に掘り下げて論じたテクストである。

近代市民革命の思想的な遺産を、アメリカ的な自由主義と、社会主義的な意味合いを帯びた「解放」の思想とに分けて考えること自体は別にアーレントの専売特許ではない。むしろ、二つの〝自由〞観があることが冷戦時代の東西両陣営の共通の前提だったと言ってよい。しかし、アーレントの見方は、西側の自由主義の理論家たちの通常の見解とやや異なっている。

西欧的な自由主義者の通常の見解では、「プロレタリアートの解放」を掲げるソ連などの社会主義体制が、計画経済のような形で、各人の経済活動をはじめ様々な自由を制約し、特定の〝自由〞観を押し付けようとするのに対し、アメリカに代表される西欧の自由主義は、諸個人に、他人の権利を侵害しない限り最大限の「自由」を認め、価値観の多様性を許容する。つまり、〝アメリカ的な自由〞は、「自由とは何か？」に関して注文を付けることなく、（政治や法、民主主義等に全く無関心な生き方も含めて）どのような生き方をしようと、基本的に個人の自由意志に任せるものだと見るわけである。自己チューに生きる〝自由〞もあるということだ。

アーレントの場合、「自由」は「活動」と一体不可分の関係にあるので、アトム化し、他者とコミュニケーションしようとしない――日本の現代思想の用語で言えば、「動物」化している――個人にとっての〝自由〞などあまり意味がない。個人としてのプライベートな生活に満足し、公的事柄に関心を持たない人は、本来の「自由」、「複数性」を生み出す公的空間における「自由」から疎外されているということになるだろう。プライベートな生活に沈潜することを〝自由〟だと考えるのは、経済的なものが支配的になった資本主義社会の生み出す幻想にすぎない。経済的な利益の追求は本来の意味での「自由」に繋がらないというアーレントの考え方は、「市場」での交換関係の連鎖の中でこそ「自由」な個人が育成されると主張するハイエクとは相容れない。

少し後でまた見るように、アーレントは、左派的な文脈に属する社会運動でも、人々が政治的な討論に参加する契機となり、公共性を生み出すような性質のものであれば、積極的に評価する。いろいろな立場、価値観の人が集まって、政治的な評議会のようなものを作りだし、自治を行なうのは、「活動」と「複数性」を重んじるアーレントの視点から見ても望ましいことである。問題なのは、そうした革命評議会的なものが、いったん権力を握って硬直化し、単一の世界観・価値観で社会を統一的に支配しようとするようになることである。

アーレントにとって、人々の間の価値観の多元性（plurality）は所与の事実であるというより、公的領域における「活動」の成果である。人々がプライベートな生活に引き籠もったり、（資本主義であれ社会主義であれ）集団として一丸となって経済的な目標のみを追いかけたりしていると、「多元＝複数性」は失われていく。「多元＝複数性」を保持していくには、市民たちが討論を通して共同で追求すべき理想として「共通善」が設定されている必要があるわけだが、その「共通善」が、ナチズムやスターリン主義のような、特定の世界観・価値観へと実体化して、人々の見方を拘束するようになると、かえっておかしなことになる。

自己チューな個人の孤立した生き方と、画一的な集団主義のいずれにも偏することがないよう、「共通善」を中心点として「活動」する各人の「間」に適切な距離を設定する空間、すなわち「自由の空間」を創設し、維持していくことが肝要なのである。

ルソーと「可哀想な人たち」

アーレントは、フランス革命において「解放」志向が強くなった原因として、ロベスピエール（一七五八―九四）などの革命の指導者たちが、「不幸な人々 les malheureux」に対する共感を重視した〝政治〟を行なったことを挙げている。「不幸な人々」というのは、その当時パリなどの大都市に増えてきた貧困層のことである。

また、世界史の復習をしておこう。中世封建制社会から、絶対君主を中心とする中央集権的な絶対主義国家を経て、市民社会へと移行していく近代化のプロセスの中で、農村から都市への人口の移動が起こった。農村で食っていけなくなった人たちが、仕事を求めて、発展しつつあった都市に流入したからである。しかし当然のことながら、都市に移住した人たちの全てが、安定した職を得られるわけではない。不安定で低賃金の職にしかありつけない人たちが多く出てくる。

都市の中ではそうした貧困層が増加していき、「不幸な人々」と呼ばれるようになる。一九世紀になって近代化のプロセスが更に拡大、進展し、資本主義的生産も始まると、貧困問題は更に深刻化・構造化し、貧しい人たちは「惨めな人々 les misérables」と呼ばれるようになる。ヴィクトル・ユゴー(一八〇二—八五)の小説『レ・ミゼラブル Les Misérables』(一八六二)のタイトルは、この「惨めな人々」のことである。自分で商売を始めて、自立することが難しい彼らをどうするかが、フランス革命前後から、大きな「社会問題」として浮上してきた。

フランス革命の指導者たちは、この「不幸な人々」の苦しみに共感する能力を持っていることが、人民を代表して権力を掌握し、統治する指導者に求められる資質だと考えるようになった。分かりやすく言うと、「貧しい人たちの苦しみがピンと来ない鈍感で、想像力の乏しい奴には政治家をやっている資格がない。閉塞状況に置かれている弱者をその苦しみから救うことこそ政治だ！」というような、近年日本の政党・市民運動の一般大衆向けアピールやジャーナリズム、マスコミの政治報道によく見られる論調である。ロベスピエールたちは、「不幸な人々」への「共感 compassion」を人間としての自然な情の発露と見なし、それを自分たちの追求する革命的な〝政治〟の原理にすることで、民衆の支持を得ようとした。

アーレントに言わせれば、そうした共感の〝政治〟は、討論を活性化してパースペクティヴを複数化することには繫がらない。むしろ、「不幸な人々」に共感することを、人間としての正しいあり方として押し付ける排他的な価値観に繫がりやすい。場合によっては、苦しんでいる人たちに共感しない者たちを、最初から人非人として排除しようとする傾向を生み出す。現代日本の格差社会論議に顕著に見られるように、〝貧しい人たちに共感を示さない輩《やから》〟を糾弾している人たちは、多くの場合、そういう輩を議論すべき相手ではなく、倒すべき敵と見てしまう。

実際、フランス革命においては、〝共感しない輩〟を大量に粛清する恐怖政治（Terror）が行われ、同じようなことが、二〇世紀の左派的な「解放」の〝政治〟でも繰り返された。「共感」を〝政治〟の舞台に持ち込むと、自分たちと同じような共感を抱かない人に対して不寛容になり、「間」を置いて議論することができなくなる。

アーレントは、フランス革命の指導者たちが、共感の政治に走った原因として、ルソーの影響を挙げている。ルソーがロベスピエールたちに強い影響を与え、革命時の憲法制定議会が出した「人及び市民の権利宣言」（一七八九）がルソーの思想を反映していることはよく知られている。革命に対するルソーの影響の内、アーレントが特に問題視しているのは、「自然状態」論と（それとダイレクトに結び付いた）「一般意志」論である。「自然状態」論も「一般意志」論も、高校の倫理の教科書に簡単な紹介が出てくるが、ここで簡単に復習しておこう。

『人間不平等起源論』（一七五五）でルソーは、「社会」が成立する以前の、野生人たちが何ものにも縛られることなく〝自由〟に生きている「自然状態」を――まるでキリスト教の聖書の「エデンの園」のように――かなり理想化して描き出した。野生人たちは、動物のように、あるいは生まれたばかりの赤子のように、純真無垢で、明確な自我意識を持っていなかった。つまり、「私は何を欲しているのか？」「私らしさを示すにはどうしたらいいのか？」「どのようにして、他人よりも抜きん出ることができるのか？」といったような余計な問いを発して、思い悩むことがない。「私」に対する拘《こだわ》りがないので、「自分のもの」と「他人のもの」の区別を付けるということも知らなかった。「所有」という観念がなかったのである。

彼らの間には、文明人のような利害に基づく交換関係はなかったが、その代わり、「哀れみ pitié」という自然な情で結び付いていた。「哀れみ」というのは、母親が生まれたばかりの我が子を、何も考えないでも自然と抱き上げて慈しむように、自己の損得と関係なしに、保護を必要としているか弱い同胞を見ると、自然と発動するものである。しかし、人間に内在する理性が働き始め、自分の力を拡大しようとするようになると、自分と他人の利害関係を考え、損得計算に基づいて行動するようになる。力を持った者が、土地を囲い込んで、「所有」を宣言した時、各人の自己拡大欲望を原動力として進歩していく、文明化された社会への移行が決定的になる。

「一般意志」というのは、ルソーの主著である『社会契約論』（一七六二）の主要概念である。彼は、自然状態を離れたことによって、私たちが失った自由を、社会状態において「権利」という形で〝取り戻す〟には、「社会契約」に基づいて国家を作らなければならないと主張する。「社会契約」論としては、ルソー以前にもホッブズ（一五八八―一六七九）やロック（一六三二―一七〇四）によるものなど、いくつかのヴァージョンがあるが、ルソーはそれらの議論のいずれも不十分であるとして、国家が成立するには、単に自己保存を求める各人の利益が合致しているだけでなく、「一般意志 volonté générale」が形成されている必要があることを指摘する。

「一般意志」というのは、簡単に言うと、「みんなの意志」であるが、その場合の「みんな」は、単なる個々人の寄せ集めであってはならない。「一般意志」は、自らの利益を求める個々人の「特殊利益」の総和としての「全体意志 volonté de tous」とは異なり、あたかも国家が意志を持った一つの人格であるかのように、国家それ自体に属する意志である。このような言い方をすると、抽象的で分かりにくく聞こえるが、会社とか財団とか大学などの「法人」が、法的に、意志を持った一つの人格と見なされることの延長で考えると分かりやすい。

例えば、会社の取締役会で、社の方針として決まったことに対して、多くの社員が不満であったり、個々の取締役も内心では同意していないかもしれない。しかし、社員が会社を代表して対外的に意見を述べる時には、自分の意志ではなく、会社の意志を述べなければばならない。たとえトップを含めて社員の大多数がそれに不満であると分かっていても、である。

そういう意味での「一般意志」が「法」という形で表明され、各人を拘束するようになっていない限り、「国家」が成立したことにはならない。たとえ、みんなが表面的に政府に従っているように見えても、その服従の根拠になる「一般意志」が明確化していなかったら、国家とは言えず、単に暴力的な支配が為されているだけである。

文明に汚染されない野生人を理想化する自然状態論と、国家の存立の前提としての一般意志論は共に、その後のヨーロッパの政治・社会思想に大きな影響を与えることになった。アーレントは、両者の奇妙な結び付きが、革命の指導者たちを「解放」の〝政治〟に向かわせることになったと分析する。

「自然人」への共感と「偽善」の嫌悪

アーレントの理解では、財産を持たず、文明人的な気取りもなく、その日その日を暮らしている「惨めな人々」は、ロベスピエールたちの目に、野生人のように映った。野生人のように罪のない無垢な人たちのありのままの姿を見れば、文明生活に慣れて、純真さを喪失している市民たちも、「哀れみ」の心を取り戻すに違いない。そういう発想から、彼らは「共感」の政治を行なおうとした。苦しんでいる同胞たちに「共感」し、彼らを貧困から「解放」するための「革命」に従事することが、失われた人間性の回復に繋がる、という——左派的な——考え方の原型が出来上がったわけである。

社会契約論の影響を受けていたロベスピエールたちはそれに加えて、憲法を制定して、新しい共和制をスタートさせるには、「一般意志」を形成する必要があると考えていた。人民の根源的な合意に基づいて、あらゆる個別利害を超越した「一般意志」を生み出すには、各人を一つの絶対的な価値観を共有する方向に誘導しなければならない。そこで彼らは、「惨めな人々に対する共感」を中心に、みんなの意志を統一することを試みるようになった。そうすると、どうしてもその共感の輪に加わろうとしない〝不純物〟は除去しなければならなくなる。それが、共感しない人非人を人民の敵として粛清することを正当化する論理である。

スターリン主義時代のソ連、文化大革命時の中国、ポル・ポト政権時代のカンボジアに代表されるように、「弱者＝野生人」への「共感」を原動力とする解放の政治はしばしば、不純分子の粛清を徹底して行なう。そうした純化＝粛清（purification）こそが、失われた人間本性の「解放」と共に、人民の「一般意志」の創出に繋がる、というフランス革命以来の信念が働いているのである。

このように、ロベスピエールたちの恐怖政治の原因を「ルソー」に求めるアーレントの見解に対しては、当然、専門的なルソー研究者の間から批判が為されている。いろいろな論点があるが、特に重要なのは、以下の二点であろう：①ルソー自身は自然状態における「自由（1）」と、社会状態の中で各人が「権利」という形で取り戻す「自由（2）」は別物であると考えているので、『不平等起源論』の野生人観を、一般意志論と直接的に結び付けるのは不適切である。②ルソーは国家や法の成立の論理的な前提として「一般意志」が必要とされると言っただけで、各人を強制して強引に「一般意志」を作り出すべきだとも、そもそも、それが可能だということも言っていない。この二つは、アーレントに対してだけでなく、ルソーを全体主義と結び付けようとする議論に対してしばしば為される批判である。

私自身も、この二つの批判は当たっており、アーレントは、恐怖政治をルソーと短絡的に結び付けすぎているのではないかと思っている。ただ、アーレントが本当に問題にしているのは、ルソーのテクストそれ自体というより、フランス革命の指導者たちの間でのその受容のされ方だと考えれば、それほど重大な勘違いではないだろう。ある思想家のオリジナルなテクストと、その受容のされ方をあまり区別しないで批判するのは、思想史研究においてはよくあることなので、『革命について』がルソー論ではなく、革命の系譜論である以上、そこに拘る必要もないだろう。

アーレントは、ロベスピエールたちが「惨めな人々」に対する共感を前面に出した背景には、上品ぶっている王侯、貴族などアンシャン・レジーム（旧体制）の上層にいる人々に対する反発もあったと見ている。革命の指導者たちは、上層の人々が内実は腐敗し切っているにもかかわらず、表面的には取り繕い、洗練された善人であるように装っていることにひどく反発し、その「偽善」の「仮面」を取り払ってやろうとした。それは、単なる宮廷貴族に対する告発ではない。ロベスピエールたちは、宮廷文化に影響されて、偽善的になりがちのフランス社会全体から、「仮面」を取り払い、人々の〝本性〟を露《あら》わにしようとした。彼らの中に、野生人としての〝本性〟が残っているのなら、「仮面」を取り払ってやることによって、苦しんでいる同胞に対する「哀れみ」の気持ちが「解放」され、もっと〝人間〟らしく振る舞えるようになるはずだ。

「偽善」を排するというのは現代人の感覚からすれば、まともな考え方のようにも思えるが、古代のポリスで「活動」を通して形成されていた「フマニタス」を基準に考え、自然状態にある野生人の〝人間〟性など認めないアーレントからすれば、これは全くもって、転倒した発想である。「偽善」の「仮面」を取り去っても、すばらしい〝人間性〟など見えてこない。出てくるのは、「私的領域」の闇の中に押し込めておかれるべき、人間の野蛮な部分、暴力性とか支配欲、性欲などの、悪い意味での動物的な欲求だけである。人々の動物的な欲求を、〝すばらしき人間性〟と勘違いして、〝政治〟の表舞台に出てくるよう「解放」してしまうと、社会に動物的な暴力が満ち溢れることになる。フランス革命は実際に、人間の動物的な凶暴性を解き放つことになった。

偽善と人格＝仮面

アーレントは、「活動」のためには「偽善」や「仮面」が必要だという立場を取る。〝良識あるヒューマニスト〟の直感に反するような考え方である。彼女は、「偽善」と「仮面」についての語源学的な解説を加えている。「人格」を意味する英語の〈person〉の語源になったラテン語〈persona〉の原義は、古代の演劇で役者（actor）が着用する「仮面」である。「仮面」は当然、その芝居の中で役者が演じる「役割 part」を表示する。先に述べたように、アーレントは、『人間の条件』で、「政治」における「活動 action」を演劇における「演技 action」と関連付けて記述しており、「仮面＝人格」は、「活動」とも意味的に繋がっている。

ラテン語では、演劇用語としての〈persona〉が、法律用語に転用され、「法的人格 legal person」という意味で使われるようになり、それが更に一般化・抽象化して、〝人間の精神の中核にあって、一つのまとまった意志を持って思考し、行動するもの〟、というような哲学的・心理学的意味合いを帯びるに至った。アーレントは、演劇のための「仮面」と「法的人格」との繋がりに注意を向ける。

ヒトは、法の言語が支配する法廷において、自らの権利を主張する時、自分の心の奥底にある〝本音〟をそのまま露呈するのではなく、「法」に定められた様式に従って自らの主張を定式化し、それが「法」に適《かな》ったものであることを証明しようとする。法的要件と関係のないことを言っても聞き届けてもらえない。また、「法」が、各人（格）の権利や義務を規定する時にも、ヒトのありのままの現実を基準にするわけではなく、「○○すべきである」という法的規範の形で定式化しようとする。「(法的)人格」というのは、言ってみれば、「法」という台本上の約束事として各人に割り当てられた「役割＝仮面」である。約束事なので、ヒトではない会社とか大学とか組合も、「法人」として「人格」扱いすることが可能だし、胎児などを一人の「人格」として扱うかどうかも、「法」によって定められるのである。

アーレントは、法廷においてヒトが「法」によって役割を与えられた「人格」として振る舞うことと、公的領域において各市民＝活動主体(actor)が、他の市民にアピールするために、良き市民としての「仮面」を被《かぶ》って「活動＝演技 act」することは、根底において繋がっていると考える。「人格」は、ヒトが成長する過程で〝自然〟と備わってくるものではなく、「公衆」の目を意識した「演技＝活動」において演ずべき「役割」なのである。従って、それは、公衆のまなざしに晒されることのない「私的領域」で見せる〝素顔〟とは、自ずから異なったものである。

要は、「法廷に入るのは自然な自我ではない。法の前に現れるのは法によってつくられ、権利義務を有する人格(person)である」ということであった。その personaを取り去ってしまえば、残るのは権利義務のない個人（individual）であり、おそらく「自然人」であろう。つまり、もともとの意味における人間（human being）であり、ヒト（homo）であろう。これは、たとえば奴隷のように、法の領域と市民たちの政治体の外部に置かれた人を意味しており、もちろん、政治的に無意味な存在である。

（志水速雄訳『革命について』ちくま学芸文庫、一九九五年、一五八―一五九頁：一部改訳）

「ヒトとして生まれたこと」よりも、「人格＝仮面を演じること」を「人間の条件」として、より重視するアーレントにとって、人々がせっかく被っている「仮面」を取って、その下にある素顔を暴露することは有害でしかない。「仮面」こそ「人格」そのものであり、「仮面」が破壊された後に顔を見せるヒトは、ルソー主義者が想定しているようなすばらしい、同胞愛に満ちた存在ではなく、自らの欲望のままに生きる動物でしかない。

フランス革命の指導者たちは「偽善者」を嫌ったわけだが、「偽善者」を意味する英語の〈hypocrite〉の語源になったギリシア語の〈hypokrites〉は元々「役者」を意味する。これもまた演劇に関連する言葉である。「偽善」という言葉には、本性から善良ではないのに、善良であるかのように見せかけるということが含意されているが、「人間」の生まれながらの〝善良なる本性〟を認めないアーレントにしてみれば、「見せかけ」を全面的に否定することは、「活動＝演技」を最重要条件とする「人間性」自体の否定に繋がる。

大事なのは、その人の振る舞いが、人間の〝自然本性〟に適っているか否かではなく、「公的領域」における「現れ＝登場＝見せかけ＝仮象 appearance」として一貫性があり、それが他の市民たちに認められているか否かである。心底から〝善人〟であるかどうかではなく、「良き市民」という役割を、公衆の面前で演じ切れているかどうかが問題なのである。そこを取り違えると、「偽善的な『見せかけ』を破壊すれば、自然本性が復活する」という幻想に囚われ、西欧文明において「人間性」という理念を支えてきたものを次々と破壊することになる。

近代の哲学者が、「人間」存在の根底にある最も本質的なものを追求してきたのに対し、アーレントは「見せかけ＝現れ」を重視する。「政治」の本来の場である「公的領域」は、「現れの世界」である。「現れ＝見せかけ＝仮象」などを意味する英語の〈appearance〉に対応するドイツ語〈Schein〉には、「輝き」という意味もある。各人が、生のままのヒトとして振る舞う私的領域ではなく、「人格」という「仮面」を被って自らの「役割」を演じる「公的領域＝現れの世界」においてこそ、「人間性」が「輝く」のである。

「仮面」の効果

ここで『革命について』でのフランス革命批判の文脈から少し外れて、アーレントの「仮面＝人格」論が、現代日本においてどのような意味を持ちうるのか考えてみよう。日本には、「本音か？　建前か？」に拘ったり、西欧人とはまた別の意味合いで、人間の〝自然本性〟を重んじたりする文化があるので、いろいろ関連したテーマが考えられるが、分かりやすいものを二つ挙げておこう。

第一に、人々の「人格＝仮面」の背後に隠れている、「心の闇」のようなものを過剰に気にすることに意味はあるのか、という問題がある。二〇〇八年六月に秋葉原で無差別大量殺傷事件が起こった際、当時二十五歳だった容疑者の男が、派遣社員であったこと、彼女ができないと悩んでいたこと、そしてそうした自分の境遇についてネットに書き込んでいたことが明らかになった。すると、「自分も同じような境遇にいるので容疑者の気持ちは分かる」とか「自分もあの容疑者と同じことをしたかもしれない」といった〝共感の声〟が、主としてネット上で広がったとされている。

そうした〝共感〟について、「閉塞感が強い現代を生きる若者の心の中に、これまでの常識では理解できない闇が拡がっているのではないか。現代の病理だ」とまことしやかに語る評論家やジャーナリストが多い。その〝病理〟の原因を、左派は格差社会・新自由主義に、右派は教育の場としての家庭や地域の機能低下に求める傾向があるが、いずれの側も、理解できない〝理由〟で人を殺す人間がいることと、そういう人間の〝心情を理解できる〟と言う〝若者〟——ネット上での発言の場合、本当に「若者」の発言なのか確認できないが——が少なくないことを、「心の闇」として捉えようとする点は共通している。

アーレントの「人格＝仮面」論から見れば、こうした意味での「心の闇」を問題にするのは全くもって無意味なことである。人数の増減はあるものの、いずれの時代にも地域にも、わけの分からない〝理由〟から、他人を殺傷する人間はいる。人の「心の中」のことは基本的に他人には分からないので、金銭絡み、痴情のもつれ、恨みなどの一見分かりやすい〝理由〟が見当たる場合でも、詳細に事件の状況を検討してみないと、本当に〝理解できる理由〟かどうか分からない。そもそも、ほとんどの場合、犯人は警察に捕まっているので、「公衆」の面前に出てきて、自分の殺人の〝理由〟を堂々と説明し、その行為を正当化する機会などない。マスコミも警察発表で伝わってくる断片的な情報や、刑事裁判という特殊な場での証言をもとに、〝理由〟を再構成しているだけなので、それを一般の人が理解できるかどうかを云々することに、もともとそれほど意味があるわけではない。無差別殺傷事件の容疑者に〝共感〟するかのような発言をしている人も、当然、「容疑者が犯行に至った本当の理由」を知るための素材をほとんど持ち合わせていないはずである。〝共感〟というより、自分の経験に基づく想像で容疑者像を作って、その自分の分身とも言うべき〝容疑者〟に〝共感〟したつもりになっているだけだろう。しかも、そうした〝共感発言〟のほとんどは、ネット上での匿名の発言であり、「私的」なおしゃべりに近いものである。

もし、自分の実名と身分を「公開」したうえで、「私は○○という環境に置かれているので、無差別に他人を殺したくなる可能性がある。私が実際に人を殺したくなったとしても、それは基本的に○○を放置している△△の責任であり、私自身の責任は低いはずだ」という言論を公的に展開する人たちが多数現れ、そういう言論を公共的に正当化するための市民運動を展開するようになったとしたら、諸「人格」によって構成されているはずの「公共圏」が危機に瀕していると言ってもおかしくない。しかし、〝共感〟している人たちの多くは、自分の職場でそういうことを「公言」したりしない。「私は無差別殺人犯の犯行理由を支持する」と公言することが、おかしいことを承知しているからである。

ほとんどの人は、「あんな奴殺してやりたい」とか、盗みたい、レイプしたいとか、不埒《ふらち》な欲望を「心の中」で抱いたことが少なからずあるだろうが、それが実現されるべき正当な欲望だと、公言しようとしたりしない。公的領域においては、「仮面」を被って、「良き市民」という役を演じるべきであることを、何となく感覚的に分かっているからだ。アーレント的に考えると、問題なのは、公／私の境界線の感覚がどんどん曖昧化して、「心の闇」に押し込めておくべきことが、表出してしまうことであって、「闇」があること自体ではない。「闇」は誰の内にも常にあるのである。

もう一つのテーマは、インターネットによって「公共性」は形成されるかという問題だが、この問題も、匿名の私的なおしゃべりの評価と関連している。2ちゃんねるとか、ハンドルネームだけしか記載していないブログのように、自分の身元（アイデンティティ）を明らかにしない場合、人は家の中とか飲み屋での世間話のような調子で、極めて私的で気楽なトーンで語りがちだ。匿名で語っているおかげで、〝本音〟が出てくるという見方もできるが、既に述べたように、〝本音〟は「心の闇」の中に収めておくべきものであって、それを探り出すことにはあまり意味がない。

アーレントの枠組みで考えれば、2ちゃんねるの書き込みのような匿名のおしゃべりがはっきりした脈絡もないままいくら連鎖しても、そこに「公共性」は生じてこない。「公共性」は、発言する主体たちが、自らの正体（アイデンティティ）を「公衆」の面前に晒したうえで、自らの意見は単なるその場限りの感情によるものではなく、論理的根拠と一貫性があり、「公共善」に資するものであることを主張し、他者を説得しようとすることを通して生じてくる。

自分の「正体」を「公衆」の面前に晒すということは、自らの発言に対して責任を持つということでもある。間違ったことを言ったと分かった場合、自分の非を認め、責めを負う用意がある人の発言だからこそ、他の人たちも、それが「公共善」に適っているかどうか吟味するだけの価値があると思うのである。2ちゃんねるのように匿名であれば、どれが誰の発言か分からないので、発言に対する責任を問いようがないし、それらの発言の中に、「公共善」の形成に寄与するような一貫した論理が潜んでいるのかどうかなかなか見極められない。ブログでも本人を特定できないようなハンドルネームしか付いておらず、いつ書き込みがあり、いつ閉鎖されるか分からないようなものであれば、やはり責任の所在は曖昧になってしまう。

古代のポリスをモデルにするアーレントの公共性論は、各人が活動＝演技主体として、公的領域の舞台に「良き市民」という「仮面＝人格」を被って「現れ」、「仮面」の下の〝本音〟を見せることなく、その役を演じ切ることを前提にしている。無責任な思いつき発言とか、公／私の区別のない〝本音〟トークをする人、あるいは、自分で積極的に活動するつもりがないただの野次馬がたくさん集まっても、何の意味もない。

ハーバマスの市民的公共圏論だと、自分では公的場で発言する機会があまりない一般読者が「公衆」として〝参加〟する活字メディアが討論の媒体として想定されているので、必ずしも全市民が能動的に討論に加わらなくてもいいし、公／私の境界線が流動的なので、私的なおしゃべりが〝公共的発言〟の中に混入することもある程度までは許容されそうである。しかし、アーレントの場合、自らの個性を輝かせるための「仮面＝人格」をきっちりと被っておらず、匿名性の中に埋没しかかっているような人は、公共圏とは無関係である。

このような言い方をすると、匿名性の強い「インターネット」はアーレントの公共性論と相容れないと言っているように聞こえるかもしれないが、必ずしもそうではない。ネットというメディアの双方向性のおかげで、ネットを利用する各人が個性的な「仮面＝人格」を被って「現れる」可能性が広がっているとも見ることができる。問題は、匿名性の陰に隠れたまま発せられる私的なおしゃべりがネット空間に蔓延し、身元を明らかにして公共性のある発言をしようとする人々の「仮面」が輝きにくくなっていることである。ネット上にアーレント的な公共空間を構築するためには、匿名性を可能な限り排除し、討論に参加する諸「人格」がお互いの「間」の共通性と差異性を認識したうえで、責任を持った発言しかできないような環境を整備する必要がある――そうしたアーレント的公共性が理想的か、あるいは技術的に実現可能かというのはまた別の問題である。

「自由」の「構成」

アーレントは、解放の論理によって混乱に陥ったフランス革命と対比する形で、「自由な空間」を創造することに成功したアメリカ革命を評価しているわけだが、この評価の違いにはどのような根拠があるのか？ ポイントは、アメリカ革命の指導者が、「自由」とは、「構成 constitute」すべきものであること、より正確に言えば、憲法＝国家体制(constitution)を創設することを通して、人為的に生み出すべきものであることをよく理解していたことにある。裏を返して言えば、「解放」によって〝自然状態〟に戻るのが、「人間」にとっての「自由」ではない、ということである。

「構成（物）」を意味する英語〈constitution〉には、「憲法」あるいは「（国家）体制」という意味もある。「憲法」あるいは、（「憲法」によって基礎付けられる）「国家体制」が「構成」されたものであるというのは、ある意味当然のことだが、では、誰が「構成」するのか？　近代の立憲国家の多くは、主権者である「人民」によって「構成」された、という建前を取っている。では、その「人民」はどうして「憲法」を制定するのか？　憲法学の標準的な答えだと、「権力」を拘束して、勝手なことをさせないためである。このことは究極的には、主権者である人民自身を、「憲法」によって拘束することを意味する。

「人民」が「憲法」を作って自分自身を拘束するというのは、抽象的でピンと来にくいかもしれないが、日本国憲法の改正が、通常の法律の制定・改正よりもハードルが高くなっているのは何故か考えれば、分かりやすくなるだろう。国家の政治が目指すべき方向性を最終的に決めるのは主権者である「国民」だが、世論調査などの形で現れる〝国民の意志〟が変動するのに合わせて始終方向性を変更していたら、何も決めていないのと同じことになり、政治は大混乱に陥るだろう。フランス革命時には、指導者たちがその都度の

〝フランス人民の意志〟を勝手に解釈し、政治の方向性を決定しようとしたので、なかなか安定した秩序が形成されなかった。政治が不安定だと、その国家の内部での各個人の「自由」も保障されない。

政治を安定させ、各人が自由に活動できるようにするには、主権者である〝人民の意志〟は長期にわたってほぼ同じ方向を向いており、そう簡単には変化しないと見なしたうえで、その基本的方向性に即して物事を決める、という最も基礎的なレベルの約束をしておく必要がある。その最も基礎的なレベルの約束を、具体的に表現したものが、「憲法」である。人民が自ら制定した「憲法」の枠内で、各人が自由に活動し、「憲法」に書き込まれた諸理念＝公共善の探究・実現を目指して討論を重ねていく。そうした「活動」のための基本的枠組みを作ることが、「(国家体制を) 構成する」ということである。もう少し分かりやすく言うと、無秩序にならないよう、活動のための土俵 (＝ポリス＝政治的共同体) を確定し、基本的なルールを決めるということである。

このように言うと、アーレントはいったん「構成」されたものを破壊する「革命」を全般的に否定しているように聞こえるかもしれないが、そうではない。現にアメリカ革命は肯定的に評価している。一七七六年の独立＝革命によって誕生した新興国家「アメリカ」

では、種々雑多な文化的出自、価値観を持つ多くの人々が、「憲法」の内に自らの政治的アイデンティティの源泉を見出し、その「憲法」を積極的に守っていこうとする共和主義的姿勢を示すようになった。「アメリカ」の「憲法」は、各人の価値観やライフスタイルの選択における自由（liberty）を大幅に認めているが、そのせいで混沌に陥ることなく、政治的な求心力を保持することに奏功している。アーレントにはそうした「アメリカ」が、古代のポリスに似たものに見えたのである。

問題は、何故、ロベスピエールたちと違って、アメリカの「建国の父たち Founding Fathers」が、健全に機能する「憲法＝国家体制」を「創設」することに成功したのかである。アーレントの答えは簡単である。それは彼らが、自分たちがやっていること、つまり政治的共同体を「創設＝基礎付ける found」こと、そしてその共同体を「憲法」を軸に「構成する」ことの意味を理解していたからである。旧秩序を破壊して人々を抑圧から「解放」するだけでなく、同時に自分たちで、人々が共に活動することを可能にする新しい「自由な空間」を創設する必要があることを理解していたのである。「建国の父たち」は、「解放」さえすれば、ヒトの〝自然本性〟に根ざした秩序が〝自然〟と立ち上がってくるなどとは考えていなかったのである。

アーレントは、「建国の父たち」が、「構成する」ことの意味を理解していた背景として、植民地時代のアメリカの地方自治の伝統を指摘している。植民地アメリカでは、英国の支配機構とは独立に、市、村、地区（district）、郡区（township）、郡（county）など様々なレベルでの住民自治のための組織が「構成」されていた。更に、それらの構成体を積み上げていく形で、州ごとに州議会や人民会議によって「憲法」が「起草frame」――法案などを「起草」することを意味する英語の〈frame〉の元の意味は「枠付ける」ということである――され、それに基づいて州の政体が「構成」されていた。

「建国の父たち」は、「憲法＝政治体制」を「創設」し、それに従って「政治」の枠組みを作っていく手続きの重要性を理解していたし、それぞれの州の人民の名によって「構成」されている既存の政治的共同体の権威に依拠することもできた。だから彼らは、実際には、不特定多数のヒトの集合体にすぎない――構成されていない――〝人民〟それ自体に訴えかけて、自分たちの統治を正当化するようなことをしなくてもよかったのである。彼らはまた、〝人民〟によって選出される立法あるいは行政が暴走しないよう、最高裁判所が、立法府の制定する法律や行政府の決定について、違憲審査を行なう制度も創出した。「（連邦）憲法」を中心に様々なレベルで重層的に「構成」される連邦国家は、権力の独占を抑止すると共に安定した秩序を生み出し、人々の政治的自由を効果的に保障するものであることが判明したので、アメリカ革命は成功したのである。

黒人奴隷や先住民の問題など、建国当初のアメリカの負の部分を直視しないで、アメリカ革命を肯定的に評価しようとするアーレントの議論は一面的ではある。しかし、その一面的なアメリカ革命観を通して、彼女が問題にしている「自由 freedom」が〝自然〟なものではなく、「憲法=国家体制」と不可分に結び付いたものであることが鮮明になる。「自由」のための政治的共同体を「創設」し「構成」することの意義を強調するアーレントは、当事者たちがそうしたことを十分意識したうえでの「革命」の試みであれば、左右を問わず肯定的に評価しようとする。「自由の構成」に成功したのはアメリカ革命だけであるが、結果的に失敗に終わったものの注目すべき事例として、一八七一年のパリ・コミューン、一九〇五年と一七年のロシア革命に際して結成された「ソヴィエト(評議会)」、第一次大戦後にバイエルンなどドイツの各地で結成された「レーテ(評議会)」、一九五六年のハンガリー革命(動乱)時にブダペストで組織された評議会などを挙げている。

いずれも高校の世界史に出てくる話なので、説明は省くが、特に、左派的な「解放の政治」の最終的権化とも言うべきソ連の国名にもなったロシア革命時の「ソヴィエト」を評価していることは注目に値する。無論、彼女が評価しているのは、革命の初期に、各地の住民たちによって「自発的」に構成された自治組織としての「評議会」だけであって、レーニンたちの政党＝党派（party）であるボリシェヴィキ（共産党）が実質的に支配するようになった〝評議会〟ではない。多様な立場の人々が、自分たちが自由に活動するための空間、政治的共同体を新たに「創設」すべく、「評議会」として集まっていることが重要なのである。

評議会は明らかに自由の空間であった。そのようなものとして評議会は、自らを革命の一時的な機関であるとみなすことを一貫して拒みつづけ、反対にそれを統治の永久的な機関として樹立するためにあらゆる試みをおこなってきた。評議会は革命を永久化することを望むどころか、それが明白に表明した目的は、「そのいっさいの結果が歓迎されるような共和国の基礎をつくり、侵略と内乱の時代を永遠に終らせる唯一の政府を樹立すること」であった。地上の天国でもなく、階級なき社会でもなく、また社会主義者や共産主義者の兄弟愛〔博愛〕の夢でもなく、実に「真の共和国」の樹立こそ、闘争の目的として期待される「報酬」なのであった。

（志水訳『革命について』四二〇頁）

アーレントにとって、これらの「評議会」が魅力的であったのは、「複数性」を増殖することになる自由な「活動」と、政治的共同体を自分たちで「構成」しようとする試みが両立しているように見えたからであろう。安定した秩序のために国家組織を早く創出しようとして焦ると、ナチスやソ連共産党のようなタイプの世界観政党による全体主義的支配を生み出しやすい。かといって、討論のための土俵を構成する必要性など考慮することなく、各人が〝自然人〟としての自分の言いたいことを一方的に主張し、（暴力を含んだ）闘争が続くと、無秩序が拡大し、人と人の「間」の空間での「活動」が不可能になる。「評議会」においては、「構成」と「活動」の間の微妙なバランスが保たれ、それによって「自由の空間」が――一時的にせよ――出現したように見えたわけである。

アーレントと公民権運動

アメリカでは一九五〇年代後半から六〇年代にかけて、黒人に対する差別の撤廃を求める公民権運動が盛り上がった。アーレントは、公民権運動も、革命の場合と同様に、「構成＝憲法」という側面から評価しようとしている。運動が、アメリカの憲法＝国家体制においてこれまで欠如していた部分を補強し、人々の「活動」の余地を広げているように見える場面では肯定的に評価するが、その逆に、憲法秩序を崩して、〝解放の政治〟に向かっているように見える場面では、否定的に評価する。

一九五七年にアーカンソー州のリトルロックで、それまで白人専用だった学校に黒人の生徒の入学を認めるかをめぐって、統合に消極的な州当局や反対の住民と、黒人生徒の支援者たちが対峙し、暴力的な対立にまで発展しそうな緊張した事態が生じた。最終的にはアイゼンハワー大統領が介入し、連邦軍に守られる形で九人の黒人の生徒が何とか入学を果たしたが、彼らはその後も嫌がらせを受け続けることになった。

アーレントはこのリトルロック事件について論評した論文「リトルロックについて考える」（一九五九）で、全ての市民の法の下での平等を定めたアメリカ憲法の基本原理から見て、黒人差別は看過できない問題であり、平等を実現するための法的是正を検討するのは当然だとしながらも、そこで目指すべきはあくまでも法や政治の領域における平等であって、社会の中での差別的扱い全般を強制的措置によって廃絶することはできないし、試みるべきでもないとしている。選挙権や婚姻の自由などは市民の法的権利として重要な問題なので法的に是正されるべきであるが、ホテルやレストランへの立ち入りなど日常生活の様々な場面で別扱いされるようなことにまで公権力が直接的に介入すべきではないというのである。また、子供、あるいは子供を持っている親を否応なく闘いの前線に立たせるような運動のやり方にも疑問を呈している。公的領域に自立市民として「現れる」ための準備がまだできていない人たちを、強引に表舞台に引っ張り出すのは、よくないというわけである。

ここでアーレントが示している異論は、それほど突飛な話ではない。公的領域における差別は法的に是正されるべきだが、私的領域での差別は私人《しじん》間の問題なので、国家権力が濫《みだ》りに介入すべきでないというのは、「公／私」の分離を原則とする自由主義の標準的見解である。また、子供たちを育成する場であるはずの学校に、価値観の対立を持ち込むべきではないというのは、当該の対立の当事者でない人ならごく普通に抱くであろう、ある意味当たり前の見解である。

アーレントはそうした〝当たり前〟の見解を、自らの「憲法＝構成体」観を背景に表明したにすぎない。しかし、公民権運動を正義のための闘いとして支持していたリベラル左派の人たちは、アーレントが運動の欠陥をあげつらって足を引っ張っていると見て、激しく反発した。要するに、杓子定規《しゃくしじょうぎ》で、KYな思想家だと思われてしまったのである。

しかしその十一年後に書いた「市民的不服従」（一九七〇）では、公民権運動についてその逆のニュアンスの議論をしている。「市民的不服従 civil disobedience」というのは、道徳に反すると思われる法律や行政の命令に対して非暴力的手段で抵抗することである。思想的原点になったとされるのは、一九世紀のアメリカの文学者・思想家ソロー（一八一七―六二）のエッセイ「市民的不服従」である。ソローは奴隷制度と対メキシコ戦争に抗議して納税を拒否し、投獄されている。英国の植民地支配に対するガンジー（一八六九―一九四八）の非暴力抵抗運動や、キング牧師（一九二九―六八）が指導したアメリカの公民権運動が、二〇世紀における市民的不服従の典型とされている。

アーレントは、公民権運動やヴェトナム反戦運動などによる「市民的不服従」のケースが増えていくことは既存の法制度にとって脅威であるとしながらも、憲法の本来の理念に忠実であるべく、敢えて個々の不当な法令に逆らおうとする「市民的不服従」という営みのプラスの側面を強調している。実際、人種差別的な措置を定めた州法が、連邦最高裁によって違憲と判断されるような場合、不服従者たちの立場の方が、法の精神に適ったものであると認められる可能性もある。「市民的不服従」のような両義的な現象に適宜対処し、憲法の枠内に位置付けることもできるのは、アメリカの憲法＝国家体制のすぐれた特徴である、という。

アーレントは更に、「市民的不服従」がアメリカの「憲法」の理念に適合している根拠として、それが「自発的結社 voluntary association」であることを強調している。つまり、個人が自らの「良心」のみに基づいて法律に違反する行為をするのではなく、複数の人たちが合意に基づいて連合（associate）するところに、「市民的不服従」の特徴があると見るわけである。彼らは集団として行為し、「公衆」に対して自分たちの正当性を訴える「活動」をする。それによって、多数派とは異なる少数意見が存在することが、公的に認知されることになる。「自発的結社」の一つの形態としての「市民的不服従」は、アーレントの思想の核である「活動」と「複数性」に大きく貢献することになるのである。

「結社の自由」のことは連邦憲法の条文では明示的に言及されていない。しかしアーレントの見方では、メイフラワー号の盟約以来、アメリカという政治的共同体が制度的な危機に直面するたびに、「自発的結社」の活動が危機から脱出する突破口になってきた。「自発的結社」はアメリカの共和制の伝統と不可分に結び付いている。憲法に書き込まれている諸理念の理解をめぐる根本的対立によって共和国が危機に瀕している場面で生じてくる「市民的不服従」は、アメリカの「憲法＝国家体制」に対する信頼を復活させる可能性を秘めているのである。

「公的領域」での「活動」と、それに基づく「複数性」の増殖という視点から、政治・社会的現象を評価するという姿勢に関してアーレントの議論はかなり一貫している。その視点から「評議会」や「市民的不服従」をポジティヴに評価するわけだが、それらが特定の党派の目的にのみ奉仕して、裏の——その党派の内でのみ通用する——論理で動いているように見えるや否や、評価を逆転させて、批判し始める。そこを理解しないと、彼女は気まぐれで右に寄ったり左に寄ったりするヘンなおばさんにしか見えないだろう。無論、ある集合体が複数性を増殖しているのか党派的になっているのかについての彼女の現状分析が、常に的を射ているとは限らないが。

第四章　「傍観者」ではダメなのか？

「活動的生活」と「観想的生活」

ここまでアーレントが公的領域での「活動」を重視していることを強調してきたわけだが、彼女は、人が「活動」の表舞台からいったん引き下がって、物事を静かに見つめることの必要性も指摘している。『人間の条件』では、公的領域での「活動」を中心とした「活動的生活 vita activa」に対して、物事の本質について落ち着いて「熟慮（静観）contemplate」する「観想的生活 vita contemplativa」——分かりやすく言うと、「哲学者的な生活」——を対置したうえで、後者についてもきちんと研究する必要があることを示唆している。

「観想的生活／活動的生活」というのは、もともと中世のキリスト教の修道院で使われていた用語である。後者が修道院の外での他者を相手にする生活、特に助けを必要としている人、弱者、病人、老人のために奉仕する生活を指すのに対し、前者はむしろ世俗の事から身を引き、修道院の中で神のことに意識を集中して沈思黙考する生活を指す。当然、神そのものと向き合う前者の方が、修道士たちにとってより本質的に重要である。「活動」

は、「観想」に向けて魂を整える準備作業のようなもの、二義的なものとして位置付けられていたにすぎない。

この修道院的な伝統を部分的に受け継いだ近代の哲学者たちは、象牙の塔に引き籠もって沈思黙考することを通して「真理」に到達することに専心するようになり、「活動」、つまり他者との対話、相互の働きかけを通しての真理探究は疎《おろそ》かにするようになった。当然、内に籠りがちになった「哲学」には、全体主義に見られる〝政治〟の暴走や、科学技術や経済の発展に伴って生じる人間疎外の問題など、外の世界の〝現実〟に対して有効に対処することはできない。

アーレントはそうした——西欧の哲学・思想における——「活動」に対する「観想」の優位は、アリストテレスの哲学で、「理論＝観想 theoria」が「実践 praxis」よりも優位に置かれていたことにその歴史的起源があると指摘している。アリストテレスは、人間の営みを、①観想＝理論②実践③制作（poiesis）の三つに分けている。本書の第二章で紹介したアーレント自身の人間の条件の区分に合わせて説明すると、「制作＝生産」は「仕事」と「労働」に、「実践」は「活動」にほぼ対応する。つまり、この場合の「実践」というのは、基本的にポリスの公的領域での市民としての「実践」のことである。アリストテレスは、「制作」と「実践」は蓋然的《がいぜんてき》で変化する可能性があるものに関わる営みであるのに対し、「観想」は変化しない必然的なものに関わる営みであるという理由から、「観想」を他の二つよりも上位に置いている。

このアリストテレスの区分の更に起源を辿っていくと、古代アテネのポリスでのソクラテス裁判の問題に突き当たる。ポリスの市民たちに対して、「知」をめぐる問答という形で働きかけた哲学者ソクラテスは、ポリスの秩序を乱したとして裁判にかけられ、死刑判決を受けた。それ以来、「哲学」はポリスでの「公的領域」での実践的な活動から身を引いて、目に見えない事物の本質について「観想」することに専念し、「実践」あるいは「活動」をそれほど重視しなくなった。「ポリス」での市民としての生き方における「正義」を論じた『ニコマコス倫理学』を著し、「実践」についての哲学の元祖になったアリストテレスでさえ、「観想的生活 bios theoretikos」が「政治的生活 bios politikos」(≒活動的生活) よりも優れていることを最初から前提にしていた。

そうした西欧哲学の伝統において支配的な「理論＝観想」優位の傾向に疑問を持ったアーレントは、「活動」という概念の起源に遡ってその本来の意味を探究し、それが「ポリス」及び「人間性」と不可分に結び付いていたことを明らかにしたわけである。既に見たように、アーレントの中では、「複数性」を増殖させる「活動」の意義の再発見は、思考を均質化する全体主義の脅威に抵抗する戦略に繫がっていたのである。

しかし、「活動」を復権させるべきだという主張は、「観想」がいらないということを含意しているわけではない。「私的領域」にいったん引きこもり、事物の本質についてじっくりと沈思黙考する「観想」のための時間を取らなかったら、「活動」のための十分な準備をすることができないし、本質的に「観想」的な営みである「哲学」も不可能になる。「活動」と「観想」は、ヒトが「人間」らしく生きるための両輪であって、一方が欠如すれば、他方も不十分になる。「活動」を通して他者のまなざしを知ることで、「観想」の視野が広がるし、「観想」を重ねることで、「活動」における言論の中身も洗練されていく。『人間の条件』は「活動」に焦点を当てた著作であるので、「観想的生活」のことはわずかしか触れられていないが、アーレントは「観想的生活」の解明を今後の探究課題とするつもりであることだけは明言している。彼女がそれを改めて試みたのは、遺作となった『精神の生活』(一九七八)と、アーレント研究者の間でそれを補完するテクストとして位置付けられている「カント政治哲学講義」(一九七〇/七一)においてである。

これらのテクストの概要を簡単に解説する前に、「活動」と「観想=理論」の関係についての彼女の――ある意味、常識的な――考え方の時代的背景になっていたと思われる、「理論と実践」に関するマルクス主義的左派の言説の意味するところについて少しだけ考えてみよう。

理論と実践

「これまで哲学者は世界を様々に解釈してきた。しかし肝心なのは世界を変化させることだ」というマルクスの有名なフレーズが象徴するように、マルクス主義は、「観想＝理論」によって「世界」を解釈しようとしてきた従来の哲学に対して、「実践」を通して「世界」を把握し、その在り方を変化させる能動的な知の営みとして自らを位置付けた。マルクス主義は、「思考」と「実践」を密接に結び付けて理解し、「実践」抜きの「思考」だけで、諸事物の真理に到達することはできないと主張する。マルクス主義の運動論では、この「実践」は革命をもたらす政治的な「実践」を意味する。簡単に言うと、「革命」に向けて――唯物弁証法の法則に従った――「実践」をすることが、「現実」をより正しく認識することに繋がり、その正しい認識が、革命の実現の更なる原動力になるのである。

政治的な「実践」を重視するマルクス主義の発想は、公的＝政治的領域における「活動」を復権しようとしているアーレントの発想と似ているようにも思える。古代ギリシア・ローマにおける人間の様々な営みの区分を基準に考えれば、「活動」と「実践」はほぼ同義であると見ることができる。もっと単純なことを言えば、日本語の「活動」と「実践」がそうであるように、英語の〈action〉と〈practice〉にも、内に籠もって「考えて」ばかりではなくて、外に出て体を動かして社会に働きかける、というようなニュアンスがある。

しかしながら、マルクス主義の「実践」とアーレントの「活動」の間には大きな違いがある。既に述べたように、マルクス主義は人間の類的本質は「労働」にある、という大前提から出発する。この場合の「労働」というのは、アーレントで言えば「仕事」＋「労働」、アリストテレスで言えば「制作」に相当するかなり広い意味を持っているが、最も基本的な意味は、ヒトが自らの身体を使って自然に働きかけ、新しい価値を生み出すことである。そして、「実践」もそうした広い意味での「労働」の延長で理解している。つまり、自分の身体によって自分の周りの環境に働きかけ、環境自体を変えることによって、自分の生き方をも変えることを「実践」と呼ぶわけである。

第三者的な見方をすれば、工場で長時間にわたって労働することと、街頭でデモ行進したり、機動隊とぶつかったりすることとは、全く異質なことのように思えるが、マルクス主義の自己理解では、革命的な「実践」は、労働者が「労働」のプロセスを自らの手に取り戻し、より高度に発達した生産体制を生み出すのに不可欠な営みであり、「労働」と不可分に結び付いている。マルクス主義においては、革命的な実践の担い手たちは――たとえ現実には工場労働者ではなく、職業活動家やインテリだったとしても――「プロレタリアート」なのである。

マルクス主義は、革命的な「実践」を通して人々を搾取から「解放」し、人間の自然な本性を回復しようとする。フランス革命以来の〝解放の政治〟を批判するアーレントの考え方は、当然、そうした「実践」概念とは相容れない。マルクス主義の「実践」は、「プロレタリアートの解放→共産主義社会の再来」を理想とするマルクス主義的な世界観を持つ党派が権力を握るための「実践」であり、その点で、「複数＝多元性」を前提とする「活動」とはかなり異なる。分かりやすく対比すると、「実践」が〝政治〟に関与する人々を予め設定された目的（＝共産主義社会の実現）に向けて誘導する営みであるのに対して、「活動」は「政治」に関与する人たちが多元的なパースペクティヴから討論し、視野を広げる営みとして想定されている。

マルクス主義にとって、人々が同じように「労働」することによって、ライフスタイルや価値観を共有し、連帯することのできる共産主義社会はユートピアであるが、アーレントからしてみれば、物質的な利害によって均質化された、非「人間」的な世界である。マルクス主義もアーレントも、個人の「内面」に引き籠もる傾向にある近代「哲学」の硬直性を打破して、「人間」を再発見しようとする批判的姿勢は共有しているものの、肝心の「人間」像が正反対であるため、目指しているところは真逆である。

『人間の条件』でアーレントは、中世・近代の哲学が忘れてしまった「活動」の意義を――同時に、近代の「労働」あるいは「仕事」中心の人間観との違いも鮮明にしながら――強調する必要上、「観想＝理論」について本格的に触れることは避けたわけだが、「活動」が「公的領域」を構成する個々の市民のパースペクティヴを多元化する営みだとすれば、当然、個々人の内面における「思考」にも影響を与えているはずである。「思考」と「活動」の相関関係を示さなければ、彼女の「人間」観の全体像は明らかにならない。更に言えば、「思考」が、物質的な欲求のみに左右されているわけではなく、独自の法則に従って作用することを積極的に示さないと、「労働」あるいは「制作」の面から〝人間〟

を理解しようとする――マルクス主義の唯物論や、「労働価値説」を起点とする古典的自由主義などの――現代的潮流に有効に対抗できない。

「実践」と「労働―身体」を結び付けるマルクス主義に対抗するかのように、アーレントは次第に、「活動」を「思考―精神」と結び付けて論じるようになる。『革命について』の四年後に出した論文「真理と政治」（一九六七）では、「政治」を動かしている「意見」や「同意」と、哲学的、あるいは理論的な「真理」の間の緊張関係を論じながら、結論としては、理性の志向する「真理」が、「政治」を制約し、自由な活動のための土台を提供すると論じている。「政治」において物事は公的領域における人々の「意見」の交換、討論、「合意」によって決定されるが、どんな意見でもいいというわけではなく、明らかに理性の「真理」に反するような〝意見〟は妥当性を主張し得ないということである。

六〇年代中盤以降アーレントには、「思考」「精神」「道徳」など、個人の内面性に関わる問題についての仕事、言い換えれば、（政治哲学というより）純粋哲学的な仕事が増えていく。そうした後期のアーレントの関心を集大成する〝はず〟であったのが、『精神の生活』である。

「精神の生活」とは？

『精神の生活』は当初、「思考 Thinking」「意志 Willing」「判断 Judging」の三部作になる予定だったが、最終的なまとめになるはずの「判断」を書き始めたところでアーレントが急逝したため、未完に終ってしまった。研究者の間では、もしアーレントがもう少し長く生きて「判断」を書き終えていたとしたら、「判断」をテーマにした「カント政治哲学講義」に近い内容になったのではないかと推測されている。そのため、「カント政治哲学講義」は、『精神の生活』の第三部の代用物と見なされている。

『精神の生活』というタイトル自体がかなり抽象的で、何をテーマにしているのか分かりにくいが、この場合の「精神の生活」とは、「観想的生活」とほぼ同義である。『精神の生活』というタイトルは、個人の内面（精神）で起こっていることを探究する著作であることを示している。「精神」の探究というのは、ほぼ全ての哲学がやっていることであるが、アーレントのアプローチの特徴は、「精神」の働きを、時間性という側面から三つの機能に分けて説明し、それを再度、「活動」を軸とする政治哲学に繋げようとしていることにある――最後の「判断」が欠けているせいで、その繋がりははっきりしなくなったわけだが。

第一部「思考」で問題にされている「思考」とは、デカルトの「我思う、ゆえに我ありCogito, ergo sum」という有名な命題に出てくる、「思考＝我思う cogito」のことである。高校の倫理とか大学の一般教養の哲学の教科書レベルでは、「現にこの『考えている私』が存在していることは疑い得ない」というデカルトの言い分を比較的簡単に受け入れて、先に進んで行くのが慣例になっているが、では、この「(私が) 考えている」というのはどういう状態、あるいは作用だろうか？「(私が) 考えている」というのはあまりにも自明なことなので、「(私が) 考えている」ということの意味を訊かれても、禅問答みたいで困るという読者もいるかもしれないが、すぐに困ると言ってしまったら、哲学などやっていられない。

少し別の角度から考えてみよう。私が眠っている時、私は「考えている」のか？あるいは、私は道を歩いたり、食事をしたり、テレビを見たりしている時、自分がどういう動作をしているか、どういう姿勢をしているか、いちいち意識していないことが多いが、そういう時も「考えている」のか？歩いている私の目の前に大きな穴があいているのが見えると、私は咄嗟《とっさ》に身を避けるが、その咄嗟の動作に際して、例えば、「私の前に見えるのは穴だ。穴に落ちれば、怪我をするかもしれない。怪我をしたら痛い。だから私はこの穴を避ける」……というような形で、「考えている」のか？

という風に〝考えて〟みると、「考えている」というのはどういう状態かなかなか定義しにくい。更に言うと、「考えていること」と「存在していること」をあまりにも密着させて考えると、「存在」についても奇妙な問いが浮上してくる。私が夢も見ないでぐっすり眠っている時、「私」は「存在」していないのか？「思考」の本質を定義しようとすると、どんどん迷宮に入り込んでいく。

アーレントは、「思考」をめぐるデカルトとカントの問いかけを起点として、ソクラテス、プラトン、アリストテレスにまで遡って、「思考」についてのこれまでの哲学史を再構成している。しかし、いかなる偉大な哲学者も、「私」が「私」自身と「私」の周囲にある諸事物の「存在」を意識するように仕向ける「思考」の〝正体〟を最後まで突き止め切れていないことが、かえって明らかになっていく。「私」自身の「思考」の内で、他のいかなる参照項もなしに、「思考とは何か？」を問いかけ、「思考」の本質を規定するしかないのだから、取りとめがなくなってしまうのは仕方のないことである。「私」は、「私の思考」の〝外側〟に出て、神のごとき超越的な視点から、「思考」とは何かを見定めることはできない。

そうした「思考」についてのアーレント自身の見解は、それほど鮮明な形で定式化されていない。しかし、「思考」が日常生活の中での「私」の習慣的な営みをいったん中断させ、〝内〟に引き籠もらせたうえで、「私とは何か?」という自己反省的な問いから始まって、「世界とは何か?」「善とは何か?」といった一連の抽象的な問いと取り組ませるものであるがゆえに、「危険」であることは強調している。既成の常識や社会の規則を疑わせ、自分自身の内で、どこに向かっていくか分からない、自己内対話を続けさせることになるからである。どこかで「思考」を停止させないと、政治や道徳は機能しなくなる。そのことは、ソクラテス裁判という事例がはっきり示している。

第一部「思考」は、彼女の師であるハイデガーの時間論と、小説家カフカ(一八八三―一九二四)の寓意的アフォリズム集『彼』を参照しながら、「思考」が「現在」と結び付いていることを示唆して終わっている。「思考」が「現在」と結び付いているのは何故か、というのは本当のところ簡単には説明しにくいが、敢えて一つの文で要約すると、「私が思考しており、かつ存在している」と確実に言えるのは、「私が現に思考しているこの瞬間」だけだからである。

「過去」のある時点において「『私』が『思考するもの』として存在していた」か、あるいは「未来」のある時点において「『私』が『思考するもの』として存在している」かどうかは本当のところ定かでない。「私」は、「私」と「私」の属する世界が、過去から未来に向かって連続的に存在していると〝思い〟込んでいるだけかもしれない。SFで、たった今作られたばかりのアンドロイドが、「私は三十五歳の人間である」と思い込むようにプログラムされているというような話がしばしば出てくるが、それと同じように、この「私」が「考えている私」が持続的に存在しているかのように思っているのも、単にそう思い込んでいる——あるいは、思い込まされている——だけのことかもしれない。

しかし、「私は考えている」と意識している「今、此処」において「現に考えている」ことだけは、「(現に考えている) 私」にとって確実である。「我思う=思考」は、そういう「現に考えている私」をめぐる自己言及的な循環構造を形成しているのである。

「自由意志」の「深淵」

第二部「意志」では、「未来」志向の精神の作用としての「意志」について、やはり哲学史的に考察されている。「思考」が「現に考えている私」の視点から、「私」自身と、「私」が属する世界の現在の在り方を把握しようとする営みであるとすれば、「意志」は現在とはなにがしか異なった状態を「未来」においてもたらそうとする営みである。

「意志」が「未来」志向であることは、日本語で考えると分かりにくいが、英語で考えるとすぐ分かる。「意志」を意味する〈will〉は、周知のように「～になるだろう」「～したい」という未来の助動詞〈will〉の名詞としての用法である。英和辞典を見ると、名詞も助動詞も同じ見出し語に分類されている。語源が同じだからである。そしてこの〈will〉は動詞としても用いられ、その場合は「意図する」とか「決意する」という意味になる。この「未来」を志向する「意志」の働きに従って、「私」は、自らが意図した状態をもたらすべく行動を起こす。その意味で、「意志」は「行為論」と呼ばれる哲学の領域で中心的なテーマになっている。

第二部でアーレントは、「意志」をめぐる問題を、パウロやアウグスティヌスによるキリスト教的な「自由意志」論、中世のスコラ哲学者ドゥンス・スコトゥスの意志論などの古典的な議論や、人間の「意志」の自律性を否定するニーチェやハイデガーの議論などを渉猟《しょうりょう》して、最終的に、「意志」の問題はいずれにしても「自由という深淵《しんえん》」に直面せざるを得ない、との〝結論〟に至っている。

「自由」が「深淵」であるというのはどういうことか？　これも禅問答のような話だが、純粋な「自由意志」があるとすれば、それはどういうものか考えてみれば、多少なりとも分かりやすくなる。「自由意志」という時、私たちは、他人による強制とか圧力から〝自由〟な意志の在り方のようなものを考えがちだ。しかし、西欧の哲学史で伝統的に問題にされてきた「自由意志」は、それ以上のこと、あるいはそれとは別のことを意味する。自然界を支配する物理的な因果法則から、「自由」であるということである。特にカントにおいては、因果法則から〝自由な意志〟の働きがあるとすれば、それはどういうものであるかが徹底して論じられている。

私の「意志」が因果法則から「自由」であるということは、因果法則によって支配される身体的な欲求からも「自由」であるということである。例えば、空腹なので、私が何かを食べたいという〝意志〟を持ったとすれば、それは〝私自身の意志〟であるというより、私の身体に作用する物理的な因果法則の帰結である。

では、身体的欲求と直接関係ない名誉欲のようなものであれば、どうか？　一見すると、名誉欲というのは、物理的な因果法則とは無関係に、私たちの心の内に生じてくるかのように思える。しかし、私たちがどうやって名誉という観念を獲得したのか考えてみると、話は違った様相を呈してくる。私が、一定の名誉観念を持っているのは、他の人間に教えてもらったからであって、自発的に獲得したわけではない。外からの影響によっているのである。そして、その名誉というものが、他の人からの注目や尊敬など、様々な複合的な快感をもたらすことを一度経験すると、私の身体がその快感をまた欲するようになり、その欲求に押されて「私」は名誉を求めるようになる……。

という風に考えてみると、普段、〝私の自発的意志〟だと思っているもののほとんどが、外界からの影響や、身体の生理的な欲求の複合的な効果として説明できることが分かってくる。私の内にあるどんな奇妙な願望も、その起源を辿っていくと、物理的な因果法則によって説明できそうだ。日本語の「自由」という言葉のニュアンスからすると、何も考えず、好きな時に寝て食べてテレビを見てセックスして……というような緊張感のない状態こそが〝自由〟であるような気もするが、西洋哲学史的には、そうした身体的欲求のままに行動している状態は、「意志の自由」という面から見て、極めて〝不自由〟なのである。

そういうことなら、「自由意志」などという面倒で抽象的な観念など、放棄したらいいではないか、とも思えてくる。しかし「自由意志」が最初から存在せず、単なる幻想だとしたら、「自由意志」に由来する「責任」という観念も崩壊し、道徳哲学や法哲学が成立しなくなる恐れがある。日本の刑法三九条で心神喪失の者の刑事責任は問えないと定められているが、それは、心神喪失の人は「自由意志」で自分の身体を制御できないと考えられているからだ。「自由意志」がなく、物理的な刺激に対して因果法則に基づいて機械的に反応しているだけだとしたら、機械や動物と同じであるので、「責任」という観念は無意味になる。だから、「自由意志」が欠如しているように見える人は、「責任」を問われないのである。

「自由意志」がそもそも存在しないとしたら、人間を、他の動物とは決定的に異なる道徳的存在として扱う理由はなくなる。そのためカントは、「自由意志」の存在を証明できないことが分かっているにもかかわらず、道徳を成立せしめるためには、「自由意志」が〝ある〟かのように振る舞わなくてはならないという論を展開している。「自由意志」が本当に〝ある〟のかどうかは別にして、取りあえず、〝ある〟ということにしないと、人間の世界で生じる「全て」は物理的因果法則に従って起こるべくして起こっているだけだということになり、道徳法則が関与する余地はなくなる。

〝自由意志〟など実在せず、〝私の意志〟らしきものは、外界からの刺激による因果法則によって規定されていると思い切ってしまうと、〝意志の主体〟としての「思考する私」の持続的存在も怪しくなる。〝私〟自体が、身体に生じてくる様々な物理的作用の複合効果として脳の中に生じる幻影にすぎず、いかなる実体もないとすれば、〝私の意志〟を実現すべく努力（しようと）することが、空しくなってくる。〝私〟が〝どう思うか〟に一切関わりなく、私の身体は、物理的因果法則に従って機械的に運動し続けるのだから。

また、仮に「私の自由意志」なるものが実在するとしても、その場合、「私」は何を根拠に「自分の意志」を決定しているのか、という問題が出てくる。「自由意志」は定義からして、あらゆる物理的因果法則から「自由」であるはずだが、私がこれから何らかの行為をしようとする時に、私の内に思い浮かんでくる「理由」のほとんどは、何らかの形で物理的因果法則に起因している。「名誉のために」、というのが理由であるとしたら、先ほど述べたような、名誉をめぐる因果連鎖が絡んでくる。

テレビのドキュメント番組などで、無医村での医療活動に――金銭的利益や名誉欲などと関係なく――携わっている〝すばらしい人格のお医者さん〟が取り上げられることがある。そうした人の行為は、一見すると、物理的因果法則に左右されない、「自由意志」に基づいているように見える。しかし、その人がそうした〝素晴らしい行為〟をしようと意志した背景には、そうした行為が素晴らしいということを、他人から教え込まれたということがあるかもしれないし、自分の行為の帰結として、喜んでくれる人が出てくることに快感を覚え、その快感をもう一度得ようとして続けているのかもしれない。

そういう〝純粋な善意〟に潜んでいるかもしれない因果法則の可能性までも潰していくと、いかなる現実的な理由も残らなくなる。純粋な「自由意志」があるとすれば、いかなる現実的な理由とも関係なく、全くもって自発的・無条件に、「私は～したい」という形で生じてくるはずである。しかし、「私」が現に抱いている「意志」が、あらゆる外的な因果法則から〝自由〟であり、いかなる現実的な原因にも理由にも依拠していないとすれば、その場合の「私の意志」はどのように定まっているのだろうか？

「私の意志」はいかなる原因も理由もなしに生じてくるというのであれば、それは、〝私の意志〟が全くの「偶然」によって定まっていると言うのに等しいと思われる。つまり、サイコロの目の出方のような、全くの偶然性に従って〝私の意志〟が定まるような場合に限って、私は〝自由意志〟を抱いていることになる。しかし、サイコロの目のような偶然によって決まっているとしたら、それが〝私の自由意志〟だと言えるだろうか？　――無論、サイコロの目の出方には一定の必然性があるという議論をすることはできるが、この問題に入り込むと、アーレントからあまりにも遠いところまで行ってしまうので、ここでは立ち入らない。

「自由意志」が実在しないと考える場合でも、実在すると考える場合でも、〝意志の主体〟としての「私」はそもそも何なのか、「私」は何によって〝私の意志〟を定めているのか、よく分からなくなってくる。それが「自由という深淵」である。

「自由の深淵」から判断力論へ

「自由の深淵」を直視して、袋小路に直面したかのように見えたアーレントはやや唐突に、「政治的自由」の問題に話題をシフトさせ、深淵の引力圏からの離脱を図っている。

哲学的自由、意志の自由は、政治的共同体の外で、一人になった個人としての人々にのみ重要である。政治的共同体の中で人々は市民になり、この政治的共同体は法によって生み出され保護される。人々によって作られたこの法の数々は、非常にさまざまでありえ、多様な形態の政府を形成することができる。そしてこの政府はすべて、何らかの形でその市民の自由意志を拘束する。それでも、ひとりの恣意的な意志が万人の生活を支配する専制の場合を除けば、こうした政府は、活動のためのある自由な空間を切り開くのであり、この空間が実際に市民たちの構成された組織体（constituted body）を動かすのである。（佐藤和夫訳『精神の生活（下）第二部　意志』岩波書店、一九九四年、二三八頁、一部改訳した）

「政治的自由」の重要性を強調するのは、『人間の条件』や『革命について』で示されたアーレントの基本的なスタンスからすれば当然のことではある。ただ、〝私の自由意志〟をめぐる議論で袋小路にはまったところで、得意の「政治的自由」に話題を移したのでは、論点をズラして逃げているようにも見えてしまう。無論、「政治」においては、個人の内面における〝自由〟とは別の次元の「自由」が開けてくる可能性があることをアーレントは示唆している、というポジティヴな捉え方をすることはできる。他の「私」たちと共に、新しい世界＝間の空間を作り出し、その世界の中での活動を通して、自らの精神を自由に働かせることが可能になる、ということだ。

しかし、そのことと、個人の意志の自由をめぐる議論がどのように繋がっているのかを論理的に説明できなかったら、いくらポジティヴに聞こえることを言っても論点ズラシであることに変わりない。左派あるいは右派の社会運動に関わっている〝活動家〟が、自分の内面の問題で悩み込んでいる若者を運動に勧誘する際にしばしば使う誘い文句に、「一人で内に籠もって、哲学的に思い悩んでばかりいないで、街に出て一緒に運動しよう。そうしたら、解放される（＝自由になれる）よ」というのがあるが、それと同じレベルの話ではないかとさえ思えてくる。街に出たり、スポーツをしたりすれば、気分が変わったり、思い悩んでいたことをその間だけ忘れるかもしれないが、それで問題が〝解決〟したとは限らない——取るに足らない問題なら忘れても構わないわけだが。ましてや、「〝私の自由意志〟に実体はあるのか？」という哲学的な問いが、「政治」に目を向けることによって解決される、というのはおかしい。それは、「哲学」など最初から取るに足らないと言うに等しい。そういうことを言う〝思想家〟も現代日本にはたくさんいるが、アーレントがその手の人ではないことは、彼女の著作を見る限り、明らかである。

個人の「意志の自由」をめぐる問題系から、政治共同体における「自由」をめぐる問題系へと話題を移すことを正当化するには、人間の「精神」の内に必然的に「政治」を志向する作用、つまり、他者の視点を取り込むことによって自己の視野を拡大し、新たな世界を切り開こうとする働きが備わっていることを何らかの形で示しておく必要があるだろう。『精神の生活』でのアーレントの議論の流れからすれば、「判断」がそれに相当する働きをするものとして想定されているのではないかと考えられる。アーレント自身、第二部「意志」の末尾で、〝意志の自由〟をめぐる袋小路から脱しようとすれば、判断力に訴える以外にないと示唆している。しかし、その判断力について書く前に彼女は亡くなっている。そのため、「観想的生活」と、「活動的生活」を結び付けるという最も肝心な課題が果たされないまま、『精神の生活』は未完に留まっている。

ただ、彼女が七〇／七一年にかけて行った「カント政治哲学講義」では、カントを通じて「判断力」の――アーレントの意味での――「政治」性についてそれなりに突っ込んだ議論をしたことが知られているので、そこから第三部「判断」でどういう主旨の議論が展開されるはずだったか、ある程度推測することができるわけである。

「カント政治哲学講義」自体について考察を加える前に、キーワードになる「判断」もしくは「判断力」とは、どういうことなのか簡単に確認しておこう――ドイツ語では「判断」が〈Urteil〉で、「判断力」が〈Urteilskraft〉であるが、英語ではいずれも〈judgment〉になる。アーレントは、「未来」志向の「意志」と対比する形で、「判断」を「過去」志向の精神の作用として性格付けている。日本語の日常語で考えると、「判断」が「過去」を向いているというのはピンと来にくいが、英語の〈judgment〉に、裁判での「判決」という意味もあることを考えると、分かりやすくなるだろう。「判決」というのは、既に誰かが行った行為について事後的に違法／合法を判定（judge）することである。実際に、生じた事態を見ないと、法的判断を下すことはできない。それをより一般的・抽象化して考えると、過去に起こったことの善／悪について「現在の私」の立場から判定する営みが「判断」である、ということになりそうだ。

では、そうした「過去」の出来事に対する善／悪の「判断」がどういう風に「政治的共同体」と関わっているのか？　この点も裁判での「判決」と関連付けて考えれば、分かりやすい。裁判官（judge）はごく少数の合議で「判決」を出す。場合によっては、一人で「判決」を出す。しかし、恣意的に判定しているわけではなく、国会によって制定された法律や、他の裁判官による判決（判例）を参照して、それらをガイドラインにして判決を出す。そしてそれらの法律や判例は、間接的に国家＝政治的共同体を構成している市民たちが「過去」において行ってきた様々なレベルでの価値判断を反映したものだと見ることができる。つまり、「判決」は、裁判官自身が属する政治的共同体の〝これまでの考え方〟

をガイドラインにして下されるものなのである。

このこととのアナロジーで考えると、我々は事の善／悪という、一見すると極めて主観的な価値についての「判断」を行うに際して、自分と同じ共同体を構成する他者たちの視点を取り込んでいる、ということが言えそうだ。善／悪の判定の根底に、他者たちの過去の考え方や価値判断が潜んでいるというのは、ある意味、至極当然の見方だろう。そうした「過去」を背景にした「判断」が、私がこれから行動を起こそうとするにあたり、自分の取るべき立場についていろいろと「思考」し、最終的に自らの「意志」を形成するに際しての基準になる。そういう形で、「思考」や「意志」は、「判断」と繋がっているのである。「判断力」は、「過去」と「現在」と「未来」を、そして個人の「精神の生活＝観想的生活」と「活動的生活」を結ぶ、極めて重要な能力として位置付けることができる。

カントと判断力

アーレントの「カント政治哲学講義」は、政治哲学者のロナルド・ベイナー（一九五三―）によって、関連する他のテクストやベイナー自身の解釈論文と合わせて、一九八二年に一冊の本として刊行されている。日本語訳は最初一九八七年に法政大学出版局から刊行され、二〇〇九年に私自身による改訳が明月堂書店から出されている。私自身による訳書の訳者解説で、ベイナーの解釈論文を更にかみ砕くような形で、この講義の哲学史的意義について解説しているので、詳しくはそちらを見て頂きたい。ここでは、『精神の生活』の第三部がどのようなものになったか想像するうえで重要なポイントだけ指摘しておく。

先ほど、判断力の問題は、「判断する私」が属する政治的共同体、そこで伝統的に形成されてきた政治的価値判断の体系と関係している可能性を指摘した。しかし、アーレントが依拠しようとしたカントは、「政治哲学」についてのまとまった著作を残していない。政治に関連した短い論文はいくつかある――主立ったものは、岩波文庫の『啓蒙とは何か他四篇』に収められている――が、「政治とは何か？」を正面から論じた体系的著作はない。中心的なテクストがないので、いろいろなテクストに断片的に書かれていることを、解釈者が取りまとめて、「カント政治哲学」として再構成するしかない。

「判断力」についての著作ならある。周知のように、カントの三批判書の最後の一冊として『判断力批判』（一七九〇）がある。三批判書の内容をきちんと説明しようとしたら、それだけで一冊の本が出来てしまうので、アーレントの仕事と関連付けてやや強引に説明すると、『純粋理性批判』（一七八一、八七〔第二版〕）が、『精神の生活』第一部「思考」と同様に、「思考する私」の存在と世界の関わりをめぐる著作で、『実践理性批判』（一七八八）が、第二部「意志」と同様に、「自由意志」の意味と道徳法則の関連について論じた著作である、と言うことができよう。

『実践理性批判』におけるカントも、〝自由意志〟をめぐる袋小路に直面している。カントは、いかなる因果法則とも関係なしに、純粋な「善意志」（＝自由意志）に基づく道徳命題があるとしたら、それは「～したいなら、汝～すべし」という形の仮言命法ではなく、無条件に「汝～すべし」と命じる定言命法でなければならないと主張した。しかし、そうした〝善なる自由意志〟が本当に無条件に、つまり純粋に自発的に、〝私の心〟の中に生じてくるとしたら、どこに「他者」が入ってくる余地があるのか？　他人の事情を考えて、他人が喜んでくれるよう――そして、喜んでくれることで、私自身が満足できるよう――配慮しながら〝善〟を行うのだとすれば、その〝意志〟は外的条件によって制約されているので、「自由意志としての善意志」ではないことになる。簡単に言うと、〝私の自由意志〟の〝内〟に、私の外部に存在する「他者」が入ってくる余地は、本来ないのである。

しかし、他者の存在ぬきの「道徳」などあるのだろうか？　それを「道徳」と呼ぶに値するのか？　キリスト教の信仰などに基づいて、「神が私の自由意志を導く」と考えるのであれば、何とか話の辻褄《つじつま》を合わせることができそうだが、仮に神の存在を認めるとしても、一人の生身の人間が、〝神の意志〟を推し量ることはできない。神を持ち出して辻褄合わせをしたとしても、〝神の意志〟自体は認識不可能なのだから、この地上の世界において、人々の行為の指針になるような道徳体系、あるいは、それと連動した法哲学、政治哲学をそこから導き出すことはできない。

カント晩年の著作『人倫の形而上学』（一七九七）では、自分自身の人格と同様に他者の人格を尊重しなければならないという命題を強引に導入して、それに基づく道徳理論としての「徳論」を展開し、それを現実の法制度に応用することを試みた「法論」も展開している。この著作では具体的な道徳・法理論が展開されているので、カント哲学の実践への応用を試みる英米の研究者には重宝がられている。また、「法論」の部分で、私法／公法の区分や、国家法の存在意義など、当時徐々に体系化されつつあった近代法が哲学的に整理されているので、法哲学者、法制史学者からはそれなりに評価されている。しかしその反面、〝自由意志〟や〝考える自我〟といった基本概念に内包する逆説についてとことん突き詰めて考え、常識的な見方を破壊していくカントらしい鋭さが失われ、良心的な市民が受け容れやすい穏健な議論になっているきらいがあるのは否めない。〝自由意志〟をめぐる逆説をとことん突き詰めて論じようとしている『実践理性批判』と、実質的な道徳・法理論の書である『人倫の形而上学』の間には、大きなギャップがあるのである。

では、第三批判である『判断力批判』は、アーレントが書くつもりだったと推測される『精神の生活』第三部「判断」のように、他者の視点を取り入れながら、善／悪などの基本的な価値に関わる判定を行う能力としての「判断力」を論じた著作だろうか？『判断力批判』を読めばすぐに分かるように、善／悪などの道徳的判断については直接的に論じられていない。直接的に論じられているのは、美に関する判断、「趣味判断」である。「美」の問題がカント哲学においていかなる意味を持っていたか本格的に論じようとするとかなり長くなるし、カントの美学については様々な研究書があるので、詳細は端折ることにする。ここで重要なのは、私たちがある対象を「美しい」と判定する時の「判断」と、「良い」あるいは「善い」と判定する時の「判断」は、欲求（Begehrung）の充足に関係している点において共通しており、同じ「判断力」の異なった現れである、とカントが示唆していることである。

どういうことかごく簡略化して説明すると、「美しい」というのは、知覚を通して私の内に入ってきた――例えば、花とか山とか絵とか彫刻などの――対象についての感性的刺激が、私に快感を抱かせるものである、という判定である。それに対して、「良い」というのは、対象の有するある性質――例えば、この本に書かれている内容――が、私のある行為――例えば、政治哲学についての知識を深めようとする行為――の目的から見て、快感を覚えさせるものである、という判定である。その「良い」という判定が、特定の行為という限定を離れて一般化し、その対象自体が常に〝良い〟と判定されるようになる時に、「善い」という判定が生じる。カント自身は「美しい」と「良い（善い）」、美的感情と道徳法則の関係を、あまり詳細に説明していないが、彼の影響を受けたシラー（一七五九―一八〇五）は「美」の経験から道徳法則を導き出すことを試みている。

アーレントは、そうしたカントの「判断力」論を、「政治」の場における各人の「判断」を方向付ける「政治的判断力」の議論として敷衍《ふえん》することが可能であるという前提に立って、カント政治哲学講義を行っている。つまり、『判断力批判』での議論を基礎とすることで、カント主義的な「政治哲学」を、彼自身に代わって構想し、完成させることが可能ではないかと考えたのである。この視点からアーレントが『判断力批判』の中で特に注目しているのは、「一般的伝達可能性」「共通感覚」「拡大された思考」の三つの概念である。カントはこの三つを「美」の判定のメカニズムを説明するために用いているが、アーレントはそれをほぼそのまま政治的な判断の説明へと転用し得ると考えていたようである。

「拡大された心性」

カントの『判断力批判』で「一般的伝達可能性」として論じられているのは、私たちが極めて個人的＝私的（private）な趣味判断、例えば「この花は美しい」というような判断を、他の人に対して一般的に伝達可能なものとして想定しているということである。個人的な趣味に関わる判断が一般的に伝達可能である、というのは一見奇妙な話であるが、これはあくまでも「判断」の問題である、ということを念頭におけば、多少分かりやすくなるだろう。

私たちは視覚を通して、花や草、木など様々なイメージを認識し、それによって何らかの刺激を受けている。聴覚を通して、風の音や人間の出す騒音、音楽などの音を認識し、それによって何らかの刺激を受けている。物を食べれば、味覚を通して刺激を受ける。そのように五感を介しての刺激と、それに対応して私たちの内に生じてくる感情は、極めて雑多であり、瞬間的に変化していて、捉えどころがない。しかし、私が自らの関心を特定の花に向け、その花の視覚的イメージが「美しい」と声に出して言う時、あるいは、心の中で言う時、つまり私がその花を「美しい」と判定する時、私は「その花（のイメージ）」によって私の内に生じてくる快感を、自分と同じような感覚器官を持った他の人間であれば、抱くであろうと想定している、と見ることができる。そういう「一般性」を想定していなかったら、極めて私的な感覚に関して、「美しい」という一般的な「判定」をするはずがない、というのがカントの議論である。

カントは、こうした美的感情の「一般的伝達可能性」の媒体としての「言語」の問題に直接触れていないが、「言語」に即して考えると、もう少し分かりやすくなる。「花」を見た時に私が抱く感情それ自体は、言葉では言い表せない、「私（秘）的」な性質のものであるのかもしれない。しかし、「美しい」――英語なら〈beautiful〉、ドイツ語なら〈schön〉――という言葉、及びその使い方は、自分の属する言語・文化共同体の中で、周囲の他者から学んだはずである。そうした他者の言葉を、目の前の「花」の性質の評価として使用するのであれば、当然、それと同じ言葉を使っている自分の周りの人たちは、その「花」

について同じ評価をするだろうということを暗に想定していると考えることができる。更に言えば、「美しい」に相当する言葉を使っているはずの他の共同体の人々も同じような評価をするだろう、と想定しているかもしれない。

そうした意味で、「美」の「判断」には、「私」と同じ様な言葉、概念を使っている「他者」のまなざしが潜在的に入り込んでいる。そうした「他者」に対しては、「これは美しい」と判定する時の〝私の感情〟は、ある程度まで伝達可能なのではないかと想像することができるし、実際、私たちはしばしば、自分が抱いている美に対する感情を他者たちに伝達し、その感情が共有されていることを確認しようとする。それが、カントが問題にしている「一般的伝達可能性」である。

逆に言えば、私たちはある対象を美しいとか醜いと判定するに際して、純粋に私の「内」で単独に判定しているのではなく、他者が判定するであろうように判定している、と見ることができる。言わば、ヴァーチャルな他者のまなざしを想定して、私自身の美についての感情を調整しながら、判断を下しているのである。そのように、潜在的な他者を想定しながら、対象に対する私自身の感じ方を調整する〝感覚〟を、カントは「共通感覚Sensus communis」と呼んでいる。

「共通感覚」はもともとアリストテレスの概念で、視覚、聴覚、触覚、味覚、嗅覚《きゅうかく》という個別の感覚を統合する感覚というような意味合いで使われていた。例えば、花は見えるだけでなく、触れられるし、匂いもするし、口に入れれば味もするが、五感を通して入ってくるそれら個別の刺激を一つにまとめて、一つの同じ対象として認識させている〝感覚〟を、「共通感覚」と呼んだわけである。この言葉はその後の西洋哲学史において、五感を統御して「私」の認識を成立せしめている「統覚」という意味、あるいは、社会通念、常識（common sense）といった意味でも使われるようになる――「共通感覚」の様々な用法については、中村雄二郎『共通感覚論』（岩波現代文庫、二〇〇〇年）を参照。カントはこの「共通感覚」を、共同体的感覚（der gemeinschaftliche Sinn）、つまり「私」と同じ人類という「共同体」に属する他の人々と〝同じ様〟に、目の前にある対象を知覚し、判断するよう、「私」の五感を方向付け、統制している感覚、という意味合いで用いている。

「共通感覚」は、物を認識するに際してヴァーチャルな他者の視点を想定する精神の働きであるが、カントはこれを基盤として、ヴァーチャルな他者の視点に立って物事を考えることができる能力としての「拡大された思考様式 erweiterte Denkungsart」にも言及している。これは、他の人であればどのように考えるであろうかと想像しながら、自分の考えの方向性を調整すること、言ってみれば、思考を「内」（＝「私」）から「外」（＝他の「私」たち）へと拡大することを意味する。「拡大された思考様式」を通して、ヴァーチャルな他者の視点に立つことで、「私」は独りよがりになることなく、人間の共同体において理性的なものとして通用する思考をすることができるようになるのである。

アーレントは、「共通感覚」と「拡大された思考様式」とを合わせて、「拡大された心性 enlarged mentality」という言葉で表現している。「拡大された心性」とは、自分と同じような感覚器官を持ち、同じ様な思考様式を持っているであろう「他者」を想像し、そのヴァーチャルな「他者」の視点と調和するように、自分の精神の働きを調節する能力である。この「拡大された心性」のおかげで、「私」たちはお互いの考えを伝達し合いながら、共通の価値観や思考様式を形成することができるのである。

「拡大された心性」と「政治」

アーレントは講義の中で、『判断力批判』に見られる「拡大された心性」をめぐる議論が、カントの政治哲学の中核になり得ることを指摘しているが、「拡大された心性」がどのようにして、「ポリス＝政治的共同体」の「構成」に関わっているのか詳細に論じてはいない。「政治」の基本的条件である「公共性」が、「拡大された心性」によって基礎付けられていることは示唆しているが、あまり細かい議論はしていない。そのため講義は中途半端な形で終わっている。そこで、『人間の条件』や『革命について』等でのアーレント自身の議論と、「カント政治哲学講義」で彼女が参照しているカントのテクストの関連個所を照らし合わせながら、「政治」と「拡大された心性」の関係について〝彼女の言いたそうなこと〟を、以下、私なりに再構成してみることにする。

ヒトは、他者が何を考えているのか、目の前の光景をどう感じているのか本当のところは分からない。そのためモノローグ的な思考に陥りやすい。しかし同時に、「拡大された心性」が備わっているおかげで、自分を見つめている――人類という共同体を代表するものとしての――「他者」を想像し、そのヴァーチャルな「他者」の感じ方、考え方を想像しながら、それに合わせる形で、自らの思考、意志、（価値）判断を正常な方向へと制御しようとする。美的な「判断」においてはっきりと現れてくる、「拡大された心性」あるいは「共通感覚」が、孤独な「私」を、「人類」という仮想の共同体と結び付けているのである。

ただし、「人類」を代表する「他者」を想像する〝だけ〟では、自分に都合の良い他者を思い浮かべて独りよがりの発想を正当化する、単なる思い込みに終わってしまう恐れがある——そういう、他の人の考えがちゃんと分かっているつもりになっている、思い込みの強い人は至るところにいる。そこで、実際に言語を介してコミュニケーションし、自分が「一般的に伝達可能である」と想定していることが、本当にそうなのかその都度確認する必要がある。

「拡大された心性」を確認するためのコミュニケーションの相手は、できるだけ多い方がいいが、かといって、コミュニケーションの参加者が無制限に多くなると、まとまりがつかなくなり、参照すべき「他者」のイメージもぼやけてくる。適正な規模でのコミュニケーション共同体を設定しておく必要がある。また、各人が自分の言いたいことをてんでんばらばらに口にしているだけでは、お互いにわけが分からず、コミュニケーションの体《てい》を成さないので、コミュニケーションに際しての言語の使い方の規則を共同で練り上げ、慣習＝規約（convention）として共有化することが不可欠である。コミュニケーションのための慣習＝規約を確立すれば、過去の人たちのコミュニケーションによって確認された内容を知識として蓄積し、伝承していくことも可能になる。

そうやってコミュニケーションの質を高めていくためには、コミュニケーションの様式を共有する共同体のメンバーシップ、資格を確定し、一定の訓練を経た者だけが、コミュニケーションに参加できるようにしておく必要がある。それが、人間的な「活動」の舞台としての「政治的共同体＝ポリス」であると考えられる。「ポリス」の「公的領域」での「活動」に従事することで、「私」たちは自らの抱く「一般的伝達可能性」を検証し、お互いの「拡大された心性」を鍛え合っているのである。「活動」を通して「私」たちは、自分たちの「精神」の働きの根源的な同一性を確かめると共に、それぞれの価値判断が微妙に違うこと、つまり多元＝複数性を発見することになる。

このように「活動」において「拡大された心性」を鍛え続けることによって各人は、次第に、「人類」という普遍的な共同体の視点に近づいていく。カントは『世界市民的見地から見た普遍史の理念』（一七八四）、『理論と実践』（一七九三）、『永遠平和のために』（一七九五）といった世界史、国際政治についての論文で、「世界市民」の見地から見た国際的正義の可能性を論じているが、「世界市民」の視点とは、活動を通して「最大限に拡大された心性」に基づく物の見方だと解釈することができる。アーレント自身も講義の中で、これらの論文の中で言及されている世界市民的あるいは人類共同体的な視点が、「共通感覚」と関連していることを示唆している。

カントは、啓蒙専制君主制の下で市民たちが啓蒙＝教化される可能性を論じた論文『啓蒙とは何か』(一七八四)で、「理性の公共的使用」、つまり公共の場での言論活動を通して各人が自らの理性を鍛えることの重要性を強調しているが、これは、公共的なコミュニケーションが、人々の「共通感覚」を豊かにし、「思考様式」を拡大していくうえで不可欠だからに他ならない。

「共通感覚」と、それに根ざした「判断力」を全面的に開花させるには、各人がいかなる物理的制約も受けることなく、自由にコミュニケーションすることができる「公的空間」、更には「公的空間」を舞台裏から支える「私的領域」をも備えた「政治的共同体」が必要なのである。それが、(仲正流に再構成した)カント＝アーレントの政治哲学の中心的テーゼである。[判断力→共通感覚→拡大された思考様式→活動→公共性]というラインで、カントの三批判とアーレントの政治哲学、観想的生活(精神の生活)と活動的生活(政治的生活)とが繋がっているのである。やや強引にまとめると、人が独りよがりに陥ることなく、またアイヒマンのような思考停止に陥ることなく、他者の視点から自己の精神の働きをチェックし続けるには、アーレントの意味での「政治」が必要なのである。

「観客」の視点

アーレントは『人間の条件』では、主として「活動者＝役者 actor」の視点から「政治」について語っていた。しかし、『カント政治哲学講義』では、カントの議論に依拠しながら、「活動」を少し引いたところから見つめている「公衆」、あるいは、「公衆」を構成している「観客＝注視者 spectator」がより重要であるとの見方が示されている。

第二章で見たように、「政治」や「活動」を演劇のイメージで捉えるアーレントの議論にはもともと、「活動＝演技」する者と、それを見守る「公衆」が登場していた。ポリスの市民たちは、自ら一定の役割（part）を演じる役者であると共に、他者の演技を見つめて評価する観客でもあった。ただ、内面の世界に閉じこもるのではなく、公的領域で「活動」することを重視していた初期の彼女の議論では、「活動者」としての側面の方が強調される傾向があった。

それに対して『カント政治哲学講義』では、フランス革命などの当時の政治的出来事に大きな関心を示しながらも自らは特定の立場に明確にコミットせず、「観察者」としての立場を守ったカントに寄り添う形で、「政治」における「観客」の役割の意義を論じている。カントが現実の政治にコミットしなかった理由については、彼が当時のプロイセン政府の意向に配慮して慎重になっていたというごく単純な説明をすることもできるが、アーレントはこれについて、美学的な説明を与えている。

それは、芸術作品が芸術作品として成立するには、制作者だけでなく、その美について判定する「観客」が必要である、という説明だ。その場合の「観客」は、制作者あるいは〝作品〟と利害関係がある人物ではなく、純粋に美的に——人類が共有しているはずの「共通感覚」に基づいて——判定する者でなければならない。それと同じように、ある政治的出来事の意義を——やはり「共通感覚」に基づいて——歴史的な視点から評価し、それを共同体の中で記憶として残していくには、その出来事に対して局外中立的な立場にある「観客＝注視者」が必要だ。判定者は、法廷の裁判官のように、事が起こった後で、その政治的出来事の意義を、自らの属する共同体を代表する形で「判定」するのである。

このように局外中立的な位置にあって、事後的に政治的・歴史的出来事の価値を判定する観客のことを、アーレントは「公平な＝非党派的注視者 impartial spectator」と呼んでいる。「公平な注視者」というのは、カント自身ではなく、カントも政治哲学的に影響を受けたと思われるアダム・スミス（一七二三―九〇）に由来する概念で、スミスの『道徳感情論』（一七五九）のキーワードになっている。

スミスは市民社会における道徳の基盤として、私たちが苦しんでいる同胞の様子を見て自然と抱く「共感 sympathy」を挙げている。スミスによれば、私たちの「共感」の能力は固定化されているわけでも、自分の身近な者たちに限定されているわけでもない。社会の中で様々な立場を経験することを通して私たちは、現にその立場にある人がどのように感じるか想像することができるようになり、次第に異なった立場の人たちに共感することができるようになる――社会的経験によって次第に拡大していく点では、ルソーの言う自然状態に由来する「哀れみ」とは対照的である。市民社会には、交換関係を通して人々の社会経験を多様化し、「共感」を拡大していくポテンシャルが備わっている。

ただ当然のことながら、全く無秩序に誰にでも共感していたのでは、社会的正義は成り立たない。利害関係が対立している当事者たちの争いに際してどちらが正しいか判定するには、単に共感するだけではなく、第三者的な視点から事態を客観的に見ることのできる視点が必要である。スミスは各人が社会の中で経験を積んでいく内に、特定の立場に偏ることなく公平に（impartially）見ようとする、「公平な注視者」が各人の内に形成されると主張する。私が社会の中で善いと見なされていることをすれば、人々はそれに共感してくれる。それによって、私は快感を得ることができる。悪いことをすれば反感を買い、不快感を覚える。そういう社会の反応を経験している内に、私の内に、あたかも社会を代表するかのように、私の行為の是非を判定する「注視者」の視点が内在化されるようになる。内なる「注視者」がまるで第三者のことのように、私の自身の行為を観察し、判定する。そして、この「注視者」の視点は、私自身や私の身近な人々の行為の是非だけでなく、利害関係も面識もない人の行為の是非を判定する際にも、作動するようになる。それが「公平な注視者」である。

無論、各人の社会経験は異なるので、各人の内なる〝公平な注視者〟は本当のところは公平ではなく、どこか偏っている＝党派的（partial）であるが、各人が更に経験を積み、かつ、他の人たちと意見交換することによって、それぞれの内なる〝公平な注視者〟が次第に相互接近していくはずである。そのようにして、社会全体が「公平な注視者」を共有することが、社会的正義の基盤になるというわけである。こうしたスミスの考え方は、カント＝アーレントの「拡大された心性＝共通感覚＋拡大された思考様式」が、市民社会の交換関係の中で具体化されていく過程の説明になっていると思われる。

アーレントは、「観客＝注視者」が、現に「活動 action」している人たちよりも事態を「公平に」見ることができることを、演劇のメタファー（隠喩）で説明している。演劇において、自らの演じている役（part）と一体化している役者（actor）は、自らの役の立場から、部分的に（partially）しか物語の流れを見ることができないが、「観客」は物語の中に特定の役を与えられておらず、演劇全体を外側から見ているので、物語の筋全体を見渡し、劇の中で起こっている個々の出来事を非役割的＝公平（impartially）に評価することができるのである——無論、現実の芝居では、役者は観客に先駆けて、芝居の筋全体を知っていることの方が多いわけだが。

「傍観者」は悪いのか？

では、こうした「公平な注視者」の重要性は、政治哲学的にどのようなことを含意しているのか？　例によって、講義の中でアーレント自身があまり整理して論じていないので、講義の中の断片的なコメントや、アーレントの他の著作から思い切って想像すると、以下の二点を指摘できそうだ。

一つには、現に「活動」している者の方が、傍観者的に観察している者よりも、「政治」をよく分かっていて、正しい判断をできるわけではないということがある。「政治」の舞台で現に「活動」している人たちは、どうしても自分の主張の正当性をアピールすることに拘《こだわ》りすぎて、他人の主張、特に自分のそれと対立する主張に対して公平に耳を傾けることが難しくなる。というより、他人の話を聞いている余裕がなくなる。みんなが〝自分の活動〟に夢中になって、他を顧みなかったら、「政治」の中で「複数性」を培うことはできない。表舞台からいったん引き下がって、「観客」の立場で、舞台上の「活動＝演技」を判定する人も、「政治」を成立させるうえで必要である。

今の日本社会では、政治家に対する信頼がかなり低下しているので、政治家が一般市民よりも「政治」について高い見識を持ち、適切な判断に基づく主張をしていると思っている人はそれほど多くないだろう。しかし、貧困問題とか雇用問題、医療問題、福祉問題、教育問題など、個別の――深刻であると思われている――イッシューになると、その問題の当事者である人や、特定の運動体に属して党派的（partial）な立場からその問題にコミットし、自らの党派的主張の実現のために〝実践〟している人、いわゆる「活動家」的な人の意見が神聖視されるという現象がしばしば起こる。〝生きた現場を知っている人〟の〝生の声〟として。そして、報道を通じてその問題を知っているだけの人間、お茶の間とか大学の研究室等の安全圏に身を置いている人間には、偉そうなことを言う資格はないとされる。ジャーナリズムや、「現代思想」関係の業界では、そうした「生きた現場の声」中心主義の傾向がかなり強まっている。

無論、〝現場を知っている人の声〟は、個々の問題について、適切な判断をするための材料として重要である。基本的な情報が手元になかったら、事態を適切に把握し、評価することなどできない。しかし、〝現場を知っている人の声〟に逆らってはいけない、という風潮がどんどん強まったら、（その問題に関連するかなりの専門的知識を持つ人まで含めて）傍観者は発言できないということになり、「政治」における「複数性」を維持することは難しくなる。

ある具体的な問題の当事者は、当事者としての経験ゆえに、その問題に関して一般の人より多くのことを知っている可能性が高いが、自分の置かれている状況を客観的に把握しているとは限らない。分かりやすい例を言えば、ネットカフェ難民の生活の現状は、現にネットカフェ難民になっている人でないと細かく分からないところが多いが、どのようにして彼らが貧困状態に陥ったのかを、本人たちが他人よりもよく分かっているとは限らない。経済学的な原因については、第三者である経済学者などの方が適切に判断できるだろう。また、各当事者が貧しい状態に置かれているのは、自己責任なので同情に値しないことなのか、それとも、社会環境の犠牲になってそういう立場に追いやられているのかというのは、基本的にその人物に対して各観察者が抱く「共感」に基づいて判定するしかないので、誰も客観的に判定することはできない。

直接的には表舞台に加わらない、「観客」が存在し、様々な視点から問題を注視していることによって、「政治」に「複数性」がもたらされるのである。私個人にとっての必然性もないのに、特定の立場にコミットして、無理に積極的なアクターになろうとする必要はないし、アクターになろうとしない人を、安易に卑怯者呼ばわりすべきでもない。

もう一つは、『精神の生活』でアーレントが指摘していた、判断力の「過去」志向に関わる問題である。一つの国家の中で、全ての市民を巻き込むような大きな政治的出来事が進行している時は、誰も厳密な意味ではその出来事の「外部」に立って、「公平な観客」の役割を果たすことはできない。出来事が終わった後になってようやく、市民たちは「公平な観客」の視点を取ることができるようになる。言い換えれば、政治的共同体＝ポリスを構成する市民たちの政治的判断力は、現在進行中の出来事の評価よりも、その共同体が過去に経験したこと、「歴史」の評価において、本領を発揮するのである。哲学者ヘーゲル（一七七〇―一八三一）は、「ミネルヴァ（知恵の女神）の梟《ふくろう》は黄昏《たそがれ》になってようやく飛び立つ」という有名な格言を残しているが、これはアーレントの「市民＝観客」論にそのまま当てはまる。アーレント自身もそのことに言及している。因《ちな》みに、ミネルヴァのギリシア名はアテナであり、アテナは、アーレントがモデルにしたアテネのポリスの守護神である。

「観客」としての「市民」たちの政治的・歴史的判断力を重視することは、「政治」の関心の焦点を「現在」よりも、むしろ「過去」に置くべきであるという考え方に繋がる。私たちは、通常「政治に関心を持つ」ということを、国会で現に審議されていること、あるいはマスコミなどのメディアで現に集中的に取り上げられている――郵政民営化、公務員制度改革とか、労働者派遣法の改正などの――「アクチュアルなテーマに関心を持つ」こととして理解している。

従軍慰安婦問題、靖国神社問題、東京裁判などの第二次大戦前後の歴史的テーマが論じられることもあるが、それらは、当事者がまだ存命であったり、その「歴史的出来事」の評価が現在生きている人の社会的名誉や経済的利害に直接的に関わっており、純粋に「過去」のことにはなっていない。言ってみれば、現代（同時代）史的な問題である。そうした現代史的な問題の「当事者」たちを支援する政党や運動団体が次々と出てきて、左右の二項対立的な構造が出来上がると、過去の評価をめぐる論争というよりは、むしろ、現在の党派的対立を、過去に投影しているかのような様相を呈することになる——無意味な誤読を避けるために一応断っておくと、私は別に運動団体が当事者を支援するのが悪いなどと言っているのではなく、同じような傾向の団体ばかりがいずれかの当事者に過剰に肩入れし、自動的に〝代弁〟するようになると、自由な議論が困難になることを示唆しているのである。

現代の日本では、直接的な利害関係者や党派的に強くコミットしている人があまりいそうにない歴史的・理論的なテーマは、アクチュアルな「政治」的議論の対象とは見なされない。例えば、「明治維新以前の日本は国民国家だったと言えるのか？」「大正デモクラシー期の日本に市民社会は形成されていたか？」「大日本帝国憲法と日本国憲法の間に連続性はあるのか？」といった問いは、日本という政治的共同体（＝ポリス）を理解するうえで極めて重要であるはずだが、歴史家や思想史家などの専門家が研究し明らかにすべき問いとしか見なされておらず、国民的な議論の対象としてクローズアップされることはほとんどない。

テレビの歴史物の教養番組などで、戦国時代の武将や江戸時代の名君のことがエピソード的に取り上げられることもあるが、それらの多くは——例えば、幕末の長岡藩の米百俵とか、直江兼続《かねつぐ》がリストラをしなかった話など——〝現代に生かせそうな教訓〟を過去の偉人から強引に引き出そうとするものであって、アーレントの言う意味での「政治」の根本を問い直すような問題提起には繋がらない。予め学ぶべき〝教訓〟を設定したうえで、歴史的人物についての情報を提供しても、討論の契機にはならない。国民一般が「公平な注視者＝公衆」として判断力を働かせて、自らの政治的共同体の「過去」を評価するような機会は、現在の日本にはほとんどない。

以上、かなり独断的にアーレントの「観客」論の含意を推測してみたが、党派＝部分的ではない討論によって、「複数性」を生みだしていく可能性を探求し続けた戦後のアーレントの思索の歩みを見る限り、それほど見当外れな推測ではないと思う。彼女にとって重要なのは、党派性に全面的に囚われない、〝自由〟な形で「政治」に関わり、ポリス的な意味で「人間」的であり続けるための条件を見出すことだったのである。

『カント政治哲学講義』のある個所でアーレントは、(「活動的生活」の裏面としての)「観想的生活」を「注視者的な生き方(spectator's way of life)」と読み替えている。「注視者＝観客」として、「歴史」を公平＝非党派的に注視し、判定しようとするまなざしが、孤独に陥っていく傾向のある「私の思考」を、政治的共同体を構成する他者たちのそれと結び付け、かつ、その共同体を存続させているのである。

終わりに　生き生きしていない「政治」

アーレントは、「人間はポリス（政治）的な動物である」というアリストテレスの命題を、現代において復権させることを目指した政治哲学者である。しかし、本書をここまで読んでもらえば分かるように、彼女が古代のポリスをモデルとして再発見した「政治」は、私たちが通常〝政治〟だと思っているものと大きく異なっている。彼女の「政治」には、経済的・社会的利害の追求、支配／被支配、暴力といった要素は含まれていない。むしろ、それらの物質的な要素を超越した、言語を介しての人格間の相互作用＝「活動」にこそ、「政治」の本質があると彼女は考える。

「政治」に限らず、彼女の使っている「人間性」、「活動」、「公的／私的」、「自由」、「結社＝アソシエーション」といった基本的な概念のほとんどが、私たちの通常の理解からズレている。彼女は、これらのかなり手垢《てあか》がついて陳腐化した概念を、古代ギリシアの詩人・哲学者からカントに至るまでの古典的なテクストを典拠として再定義したうえで、自らの「政治」論の文脈に巧みに組み込んでいる。それによって、私たち読者の日常的な〝政治〟理解に揺さぶりをかけているように思える。

私たちは〝政治〟を、きれいごとではすまない、生々しいやりとりの行われる世界だと考えがちだが、「活動」概念を軸として構成される彼女の「政治」は徹底して生々しさを排除し、きれいごとだけで成り立つ「精神」的な営みである。彼女の「政治」の世界では、市民たちは、まるでHRの子供のように、利害関係なきコミュニケーションに無邪気に専念し、複数的な視座を備えた「人格」になることを目指す。言ってみれば、日常的な生々しいことをいったん忘れ、「仮面＝人格」を被って「演技」できるようになるために、「政治」に関わっているのである。

前期のアーレントにおいては、「活動」は、内面的な世界に引き籠もっての「思考」と対比されていたが、後期のアーレントにおいては、「政治」と「活動」はむしろ「観想的生活＝精神の生活」と密接に結び付けられる。「活動者＝演技者」として「公衆」の前で自己主張し、パフォーマンスすることだけでなく、少し離れた位置から「観客」として事態を「公平＝非党派的」に判定する能力を身に付けることも、アーレント的な「政治」の重要な要素である。

現代社会における〝政治〟の重要性を説き、空しく平凡な日常を送っている人たちに〝政治〟に関心を持つよう呼びかける思想家は、数えきれないくらいたくさんいる。というより、近年では、〝政治〟的なことを言わないと、思想でないという風潮さえある。大都市の大型書店の人文書コーナーで平積みになっている思想書の多くは、「青年よ、政治に関心を持て！」「政治は君の日常と密接に結び付いている！」「政治に参加して、君の未来を取り戻せ！」、といった生き生きした調子で、読者に呼びかけている。

そういう闘争宣言のようなものが、本来の〝政治復興〟の呼びかけだとすると、アーレントの「政治」哲学は明らかにそれと逆行している。『人間の条件』や『革命について』を——拾い読みするのではなく——じっくり読むことによって、〝政治〟を自分の日常と結び付けて考えるよう誘導され、反権力の雄叫びを上げたくなる読者はまずいないだろう。恐らくアーレント自身、〝政治〟に関心を持って熱くなっている読者を挑発するつもりで、わざと〝非挑発的〟に、自らの「政治」哲学を展開しているのではないか、という気がする。「序論」でも述べたように、そういう意図的にKYな振る舞いをしているように見えるところが、私のようなひねくれ者にとってのアーレントの魅力である。

アーレントは『全体主義の起源』によって〝反全体主義（＝自由）の闘士〟としてアメリカの思想論壇に登場し、大きな期待を受けたわけだが、彼女は、「人間の自然な本性」をナイーヴに信じ、抑圧からの「解放」によって、人間本性が開花すると楽観的に考える当時の思想界の風潮に逆らった。彼女の「政治」哲学からすれば、右であれ左であれ、「人間の自然な本性」を一義的に規定し、人民を最終的な「解放」へと導こうとするような思潮は、「複数性」を破壊し、全体主義への道を開くものに他ならない。そうした「人間の自然な本性」に対する過剰な期待、幻想に抵抗して、「複数性」を回復すべく、彼女は「政治」「人間性」「自由」の意味するところを、哲学的に掘り下げて考えようとしたのである。

私は一九九八年に金沢大学の法学部に就職した前後から、アーレントに関心を持ち始め、さきほど述べたような彼女の戦略的にKYな姿勢を知って、次第に〝共感〟――言うまでもないことだが、これは人間本性論的な意味合いを含んだ「共感」ではない――するようになった。アーレントに関連する論文をいくつか書いたし、彼女の文章の翻訳の仕事もした。そういうわけで、講談社現代新書の岡部ひとみさんから、アーレントについての新書を書いてみませんかと誘われた時には、喜んで引き受けた。アーレントの政治哲学の全体像をまとめておくにはいい機会だと思った。

アーレントの思考には結構慣れているつもりだったので、最初は比較的スムーズに筆が進んだが、この本を書いている間に、アーレントについて本を書くこと自体が、今の時流に合わない、ひどくKYなことではないかと思わせるような——私にとってひどく憂鬱な——社会情勢の変化があった。二〇〇八年の前半には、秋葉原などで連続無差別殺傷事件が起こって、「新自由主義に起因する格差・貧困が人々の心を荒廃させ、凶悪犯罪を引き起こしている」という、極めて単純な「人間本性」論に基づく論調が拡がった。貧乏だからせっぱつまって盗みを働くというならまだしも、無差別犯罪に走るというのは、よく考えてみれば、貧乏人をバカにした話だが、それがまことしやかに、〝良心的知識人〟の口から語られた。私は、そういう単純な結び付け方はおかしい、と雑誌に書いたが、おかげで、まるで私自身が、若者たちを苦しめる新自由主義の手先であるかのような、ひどい誹《ひ》謗《ぼう》を受けた。

こういう状況で『人間の条件』や『革命について』の解説など書いたら、「現実を知らない」とか「政治の本質を理解してない」とか言われるだろうな、と思っていたら、秋になって「リーマン・ショック」が起こり、「派遣切り」「内定取り消し」の問題が浮上してきた。この事態を引き起こした張本人は「新自由主義＝原理主義」だと断定したうえで、それを批判し、人々に幸せをもたらす政治・経済システムを回復すべく闘うことが言論人・知識人の使命だ……というような調子の、恐ろしくシンプルで、生き生きした〝政治〟的言説が拡がった。

ごく少数の「新自由主義者」たちが世界の人々を騙して金融バブルを引き起こし、十分に儲けたところでやり逃げしたというのが客観的に検証可能な事実であれば、私もアーレントの「政治」哲学など無視して、非難の合唱に加わりたいところである。しかし、「新自由主義」批判のほとんどは極めて情緒的・煽動的なものであり、「悪の根源」としての「新自由主義者」をあまりにも分かりやすくイメージ化するきらいがある。私には、そんな〝分かりやすい単独犯〟がいるとは思えない。新自由主義批判派は、小泉元首相のワンフレーズ・ポリティクスが日本の政治を劇場化し、歪めたと言っているが、私に言わせれば、批判している方の言い分もそれに劣らないくらい、シンプルであり、政治を〝劇場〟化している——アーレント的に言うと、劇場化というより、演技＝活動能力の伴わない非人間的な集団反応である。今の〝政治論壇〟には、「派遣村」に集まったような弱者に対する「共感」の表明として、彼らを切り捨てた「新自由主義」への非難の声を上げない者は、発言する資格がないと言われそうな雰囲気さえある。

それで、書き進めている内に憂鬱になっていたのだが、更に書き進めていく内に、そういう状況の中で、あまり細かく言い訳などせずに、アーレントの「政治」観を紹介するというKYな態度こそ、アーレント的な思考であるという気がしてきて、少し吹っ切れた。アーレントを〝弱者の真の味方〟にしたい研究者も少なからずいることだろうが、少なくとも私はそういう見解は取らない。アーレントは別に権力者や金持ちの味方ではないが、〝弱者のため〟、あるいは〝真の自由〟という名目で、特定の方向に向かう議論以外は封じ込めようとする風潮には徹底的に抵抗する思想家である。

本文中でも述べたように、現代社会におけるインターネットの発達は一見すると、アーレントが理想とした、利害関係に囚われることのない、「人格」相互の「自由」な交わりとしての「活動」を可能にするかのようにも思える。しかし、実際には、自分のブログに注目を集めるために、著名人の本やHPをコピペしたり、あるいはそうした著名人を持ち上げたり、ひどくけなしたりするような、画一的な振る舞いの方が遥かに目立つ。表現技能を身に付けないまま、簡単に目立とうとすれば、アーレントが嫌った画一性のメカニズムにはまっていき、〝活動〟しているつもりで、どんどん「活動」力を失い、「複数性」から遠ざかっていくのは当然のことである。

ネット空間に限らず、そういう画一化された言論が蔓延していることを考えると、ますます憂鬱になる。本の後書きというものは、「この本を読めば、〇〇に向けての新たな希望が開けます」というような書き方をして、読者に「だから、買って下さい！」とアピールするのが普通だとは思う。しかし、それはこの本のテーマにも、私のキャラにも合っていないので、やめておく。時流によって急《せ》かされるのが嫌な人、「政治」の本質について抽象的・「哲学」的に考えたい人が、読んでくれれば幸いである。

二〇〇九年三月二十三日
金沢大学角間キャンパスにて

仲正昌樹

ハンナ・アーレント年譜

年	事項
一九〇六年	十月十四日、ドイツ・ハノーファー郊外リンデンにて出生。父はパウル・アーレント、母はマルタ・アーレント
一九〇九年	ケーニヒスベルクに移る
一九一三年	父・パウル死去
一九一七年	ロシア革命
一九一八年	ドイツ革命、レーテ（評議会）結成
一九二〇年	母・マルタ、マルティン・ヴェーアヴァルトと結婚
一九二四年	大学入学資格試験に合格。マールブルク大学に入学。ハイデガーに学ぶ
一九二五年	フライブルク大学でフッサールに学ぶ
一九二六年	ハイデルベルク大学でヤスパースに学ぶ
一九二八年	「アウグスティヌスの愛の概念」で博士号取得
一九二九年	ギュンター・シュルテンと結婚
一九三一年	フランクフルトに移る
一九三三年	国会議事堂放火事件後、反ナチ活動に協力。フランスに亡命

一九三五年	青少年のパレスチナ移住支援組織である「ユース・アーリヤ」で活動
一九三七年	ギュンター・シュルテンと離婚
一九三九年	第二次世界大戦勃発
一九四〇年	ハインリッヒ・ブリュッヒャーと結婚。ピレネー山脈付近のギュル収容所に抑留されるが、フランスが降伏して解放。南フランスのモントバーンでブリュッヒャーと再会
一九四一年	ブリュッヒャーと共にアメリカに亡命。ドイツ語新聞「アウフバウ」のコラムニストになる
一九四五年	ドイツ降伏。「シオニズム再考」発表
一九四六年	ショッケン出版社編集長となる（～一九五四年）。「実存主義とはなにか」発表
一九四八年	母・マルタ死去
一九五一年	『全体主義の起源』刊行。アメリカの市民権獲得
一九五二年	訪欧しマールブルク大学、ハイデルベルク大学で講演
一九五八年	『人間の条件』刊行
一九五九年	プリンストン大学客員教授になる。レッシング賞（ハンブルク市）受賞。『ラーエル・ファルンハーゲン—あるドイツ・ユダヤ女性の生涯』刊行
一九六一年	アイヒマン裁判を傍聴
一九六二年	交通事故に遭い、二ヵ月療養

一九六三年	『革命について』刊行。『イェルサレムのアイヒマン』刊行。シカゴ大学の教授に就任（～一九七五年）
一九六八年	ニュースクール・フォー・ソーシャルリサーチ教授に就任。『暗い時代の人々』刊行
一九六九年	ヤスパースの葬儀で追悼の辞を述べる
一九七〇年	ブリュッヒャー死去。『暴力について』刊行
一九七一年	「政治における虚偽」発表
一九七二年	『共和国の危機』刊行
一九七三年	スコットランドのアバディーン大学ギフォード講演で「思考」について講義
一九七五年	デンマークのソニング賞受賞。十二月四日、心臓発作のため死去。享年六十九歳
一九七八年	『精神の生活』刊行
一九八二年	『カント政治哲学講義』刊行

N.D.C.139　226p　18cm
ISBN978-4-06-287996-5

講談社現代新書　1996

今《いま》こそアーレントを読《よ》み直《なお》す

二〇〇九年五月二〇日第一刷発行　二〇二一年八月一二日第一三刷発行

著　者　仲正昌樹《なかまさまさき》　

発行者　鈴木章一

発行所　株式会社講談社
東京都文京区音羽二丁目一二―二一　郵便番号一一二―八〇〇一
電　話　〇三―五三九五―三五二一　編集（現代新書）
〇三―五三九五―四四一五　販売
〇三―五三九五―三六一五　業務

装幀者　中島英樹

印刷所　豊国印刷株式会社

製本所　株式会社国宝社

定価はカバーに表示してあります　Printed in Japan

「講談社現代新書」の刊行にあたって

教養は万人が身をもって養い創造すべきものであって、一部の専門家の占有物として、ただ一方的に人々の手もとに配布され伝達されうるものではありません。

しかし、不幸にしてわが国の現状では、教養の重要な養いとなるべき書物は、ほとんど講壇からの天下りや単なる解説に終始し、知識技術を真剣に希求する青少年・学生・一般民衆の根本的な疑問や興味は、けっして十分に答えられ、解きほぐされ、手引きされることがありません。万人の内奥から発した真正の教養への芽ばえが、こうして放置され、むなしく滅びさる運命にゆだねられているのです。

このことは、中・高校だけで教育をおわる人々の成長をはばんでいるだけでなく、大学に進んだり、インテリと目されたりする人々の精神力の健康さえもむしばみ、わが国の文化の実質をまことに脆弱なものにしています。単なる博識以上の根強い思索力・判断力、および確かな技術にささえられた教養を必要とする日本の将来にとって、これは真剣に憂慮されなければならない事態であるといわなければなりません。

わたしたちの「講談社現代新書」は、この事態の克服を意図して計画されたものです。これによってわたしたちは、講壇からの天下りでもなく、単なる解説書でもない、もっぱら万人の魂に生ずる初発的かつ根本的な問題をとらえ、掘り起こし、手引きし、しかも最新の知識への展望を万人に確立させる書物を、新しく世の中に送り出したいと念願しています。

わたしたちは、創業以来民衆を対象とする啓蒙の仕事に専心してきた講談社にとって、これこそもっともふさわしい課題であり、伝統ある出版社としての義務でもあると考えているのです。

一九六四年四月　野間省一

哲学・思想Ⅰ

66 哲学のすすめ――岩崎武雄
159 弁証法はどういう科学か　三浦つとむ
501 ニーチェとの対話――西尾幹二
871 言葉と無意識――丸山圭三郎
898 はじめての構造主義　橋爪大三郎
916 哲学入門一歩前――廣松渉
921 現代思想を読む事典　今村仁司 編
977 哲学の歴史――新田義弘
989 ミシェル・フーコー　内田隆三
1001 今こそマルクスを読み返す　廣松渉
1286 哲学の謎――野矢茂樹
1293 「時間」を哲学する――中島義道
1315 じぶん・この不思議な存在――鷲田清一
1357 新しいヘーゲル――長谷川宏
1383 カントの人間学――中島義道
1401 これがニーチェだ――永井均
1420 無限論の教室――野矢茂樹
1466 ゲーデルの哲学――高橋昌一郎
1575 動物化するポストモダン　東浩紀
1582 ロボットの心――柴田正良
1600 ハイデガー=存在神秘の哲学――古東哲明
1635 これが現象学だ――谷徹
1638 時間は実在するか　入不二基義
1675 ウィトゲンシュタインはこう考えた　鬼界彰夫
1783 スピノザの世界――上野修
1839 読む哲学事典――田島正樹
1948 理性の限界――高橋昌一郎
1957 リアルのゆくえ――大塚英志 東浩紀
1996 今こそアーレントを読み直す――仲正昌樹
2004 はじめての言語ゲーム――橋爪大三郎
2048 知性の限界――高橋昌一郎
2050 超解読！　はじめてのヘーゲル『精神現象学』　竹田青嗣 西研
2084 はじめての政治哲学　小川仁志
2099 超解読！　はじめてのカント『純粋理性批判』　竹田青嗣
2153 感性の限界――高橋昌一郎
2169 超解読！　はじめてのフッサール『現象学の理念』――竹田青嗣
2185 死別の悲しみに向き合う――坂口幸弘
2279 マックス・ウェーバーを読む――仲正昌樹

哲学・思想Ⅱ

13 論語——貝塚茂樹
285 正しく考えるために 岩崎武雄
324 美について——今道友信
1007 日本の風景・西欧の景観——オギュスタン・ベルク 篠田勝英 訳
1123 はじめてのインド哲学 立川武蔵
1150 「欲望」と資本主義——佐伯啓思
1163 「孫子」を読む——浅野裕一
1247 メタファー思考——瀬戸賢一
1248 20世紀言語学入門 加賀野井秀一
1278 ラカンの精神分析——新宮一成
1358 「教養」とは何か——阿部謹也
1436 古事記と日本書紀 神野志隆光
1439 〈意識〉とは何だろうか 下條信輔
1542 自由はどこまで可能か 森村進
1544 倫理という力——前田英樹
1560 神道の逆襲——菅野覚明
1741 武士道の逆襲——菅野覚明
1749 自由とは何か——佐伯啓思
1763 ソシュールと言語学——町田健
1849 系統樹思考の世界——三中信宏
1867 現代建築に関する16章 五十嵐太郎
2009 ニッポンの思想——佐々木敦
2014 分類思考の世界——三中信宏
2093 ウェブ×ソーシャル×アメリカ 池田純一
2114 いつだって大変な時代——堀井憲一郎
2134 いまを生きるための思想キーワード——仲正昌樹
2155 独立国家のつくりかた 坂口恭平
2167 新しい左翼入門——松尾匡
2168 社会を変えるには——小熊英二
2172 私とは何か——平野啓一郎
2177 わかりあえないことから 平田オリザ
2179 アメリカを動かす思想 小川仁志
2216 まんが 哲学入門——森岡正博 寺田にゃんこふ
2254 教育の力——苫野一徳
2274 現実脱出論——坂口恭平
2290 闘うための哲学書——小川仁志 萱野稔人
2341 ハイデガー哲学入門 仲正昌樹
2437 ハイデガー『存在と時間』入門——轟孝夫

政治・社会

1145 冤罪はこうして作られる　小田中聰樹
1201 情報操作のトリック　川上和久
1488 日本の公安警察——青木理
1540 戦争を記憶する——藤原帰一
1742 教育と国家——高橋哲哉
1965 創価学会の研究——玉野和志
1977 天皇陛下の全仕事——山本雅人
1978 思考停止社会——郷原信郎
1985 日米同盟の正体——孫崎享
2068 財政危機と社会保障——鈴木亘
2073 リスクに背を向ける日本人　山岸俊男 メアリー・C・ブリントン
2079 認知症と長寿社会——信濃毎日新聞取材班

2115 国力とは何か——中野剛志
2117 未曾有と想定外——畑村洋太郎
2123 中国社会の見えない掟　加藤隆則
2130 ケインズとハイエク　松原隆一郎
2135 弱者の居場所がない社会　阿部彩
2138 超高齢社会の基礎知識　鈴木隆雄
2152 鉄道と国家——小牟田哲彦
2183 死刑と正義——森炎
2186 民法はおもしろい——池田真朗
2197 「反日」中国の真実——加藤隆則
2203 ビッグデータの覇者たち——海部美知
2246 愛と暴力の戦後とその後——赤坂真理
2247 国際メディア情報戦——高木徹

2294 安倍官邸の正体——田﨑史郎
2295 福島第一原発事故7つの謎　NHKスペシャル『メルトダウン』取材班
2297 ニッポンの裁判——瀬木比呂志
2352 警察捜査の正体——原田宏二
2358 貧困世代——藤田孝典
2363 下り坂をそろそろと下る　平田オリザ
2387 憲法という希望——木村草太
2397 老いる家　崩れる街　野澤千絵
2413 アメリカ帝国の終焉　進藤榮一
2431 未来の年表——河合雅司
2436 縮小ニッポンの衝撃　NHKスペシャル取材班
2439 知ってはいけない——矢部宏治
2455 保守の真髄——西部邁

日本語・日本文化

105 タテ社会の人間関係 中根千枝
293 日本人の意識構造——会田雄次
444 出雲神話——松前健
1193 漢字の字源——阿辻哲次
1200 外国語としての日本語——佐々木瑞枝
1239 武士道とエロス——氏家幹人
1262 「世間」とは何か——阿部謹也
1432 江戸の性風俗——氏家幹人
1448 日本人のしつけは衰退したか——広田照幸
1738 大人のための文章教室 清水義範
1943 なぜ日本人は学ばなくなったのか——齋藤孝
1960 女装と日本人——三橋順子
2006 「空気」と「世間」——鴻上尚史
2013 日本語という外国語 荒川洋平
2067 日本料理の贅沢——神田裕行
2092 新書 沖縄読本——下川裕治 仲村清司 著・編
2127 ラーメンと愛国——速水健朗
2173 日本人のための日本語文法入門——原沢伊都夫
2200 漢字雑談——高島俊男
2233 ユーミンの罪——酒井順子
2304 アイヌ学入門——瀬川拓郎
2309 クール・ジャパン!? 鴻上尚史
2391 げんきな日本論——橋爪大三郎 大澤真幸
2419 京都のおねだん——大野裕之
2440 山本七平の思想——東谷暁